HSU 「幸福論」シリーズ⑬

ヘレン・ケラーの幸福論

HAPPINESS THEORY BY HELEN KELLER

Ryuho Okawa
大川隆法

まえがき

ヘレン・ケラーについては、あまりに有名すぎて解説がしにくいぐらいである。生きている時から「伝説」になっていた人で、ヘレン・ケラー女史来日の折には、アインシュタイン博士が来日した時と同じような興奮に日本中がつつまれた感じがした。

三重苦の奇跡の人を見ようとする人々の好奇心は、はっきり言って、「天使」をこの目で見てみたいという願望のようであった。

本書でその本心を明らかにしたヘレン・ケラーも、「光の天使」の存在そのものを物語っているかのようである。

その謙虚さと、「不幸の種」が「幸福」のもととなったとする考えには、健常者をも粛然《しゅくぜん》とさせる「魂の高貴さ」が感じられる。学ぶべきものがたくさんある本書は、「幸福論」の臨界点《りんかいてん》をも超えたと感じる次第《しだい》である。

二〇一四年　十一月六日

幸福《こうふく》の科学《かがく》グループ創始者兼総裁《そうししゃけんそうさい》

ＨＳＵ（ハッピー・サイエンス・ユニバーシティ）創立者

大川隆法《おおかわりゅうほう》

ヘレン・ケラーの幸福論　目次

まえがき　3

ヘレン・ケラーの幸福論

二〇一四年十月二十二日　ヘレン・ケラーの霊示《れいじ》
東京都・幸福の科学 教祖殿《きょうそでん》 大悟館《たいごかん》にて

「霊言現象《れいげんげんしょう》」とは、あの世の霊存在の言葉を語り下ろす現象のことをいう。これは高度な悟《さと》りを開いた者に特有のものであり、「霊媒現象《れいばいげんしょう》」（トランス状態になって意識を失い、霊が一方的にしゃべる現象）とは異なる。外国人霊の霊言の場合には、霊言現象を行う者の言語中枢《ちゅうすう》から、必要な言葉を選び出し、日本語で語ることも可能である。

なお、「霊言」は、あくまでも霊人の意見であり、幸福の科学グループとしての見解と矛盾《むじゅん》する内容を含《ふく》む場合がある点、付記しておきたい。

ヘレン・ケラーの幸福論

二〇一四年十月二十二日　霊示《れいじ》

東京都・幸福の科学　教祖殿《きょうそでん》　大悟館《たいごかん》にて

ヘレン・ケラー（一八八〇～一九六八）

アメリカ合衆国の教育家、社会福祉《ふくし》活動家、著作家。生後十九カ月で盲聾唖《もうろうあ》となるが、アン・サリバン（一八六六～一九三六）の献身《けんしん》的指導を受け、三重苦を克服《こくふく》して、ラドクリフ女子大学（現在、ハーバード大学に統合）を卒業。障害を背負いながらも、世界各地を歴訪し、身体障害者の教育・福祉に尽《つ》くした。著作に、『私の生涯《しょうがい》』『私の宗教』などがある。

質問者　※質問順

磯野将之《いそのまさゆき》（幸福の科学理事 兼《けん》 宗務《しゅうむ》本部海外伝道推進室長 兼 第一秘書局担当局長）

斉藤愛《さいとうあい》（幸福の科学理事 兼 宗務本部第一秘書局長 兼 学習推進室顧問《こもん》）

和田《わだ》ゆき（幸福の科学宗務本部海外伝道推進室チーフ）

［役職は収録時点のもの］

1　三重苦を乗り越《こ》えた ヘレン・ケラーに「幸福論」を訊《き》く

生涯《しょうがい》で三回来日し、日本にも影響《えいきょう》を与《あた》えたヘレン・ケラー

大川隆法　現在、いろいろな霊人《れいじん》による「幸福論シリーズ」を録《と》っているのですが、本日は、長らく足踏《あしぶ》みしておりました、「ヘレン・ケラーの幸福論」にトライしたいと思います。

すでに二十八年も前にはなりますが、ヘレン・ケラーの霊言《れいげん》は、一九八六年

に一度、録っており、『大川隆法霊言全集』にも入っています（『大川隆法霊言全集　第14巻』〔宗教法人幸福の科学刊〕参照）。ただ、内容的には、それほど多くはなかったと思います。

さて、ヘレン・ケラーと言っても、若い人から見れば過去の方でしょうけれども、私が子供のころには、ヘレン・ケラーも生きていたので、少し時代が重なってはいます。一八八〇年生まれで、一九六八年に亡《な》くなっていますから、私が小学校六年生ぐらいまでは生きておられました。

また、当会の霊言集では、一九八六年に出てきていますので、亡くなって十八年ぐらいのころです。そのころに生まれた方は、今は二十八歳《さい》前後になっておられるかと思うと、歴史の流れを感じます。

なお、一九八六年に録ったときには、ヘレン・ケラーは評価としては固まっており、すでに今の感じとほぼ変わらない状態だったでしょう。

私が小学校六年生ぐらいのときに亡くなったわけですが、そのころには、「自分も、シュバイツァーやヘレン・ケラーのような生き方ができたらいいなあ」と思っていたことを覚えています。

そういう意味では、人が世に知られるときというものは意外に早いものなのかもしれません。生きている間に知られることがあるわけです。

また、日本にも、戦前に一回、戦後に二回、計三回ほど訪問されています。その当時のフィルムも遺《のこ》っており、白黒の映像ではありますが、ヘレン・ケラーが講演しているところを、何かの折に見た記憶《きおく》があります。

それから、今年は、朝の連続ドラマで、『赤毛のアン』を訳した村岡花子《むらおかはなこ》さんが有名になっていますが（ＮＨＫ連続テレビ小説「花子とアン」）、村岡花子さんとヘレン・ケラーは同時代人で、亡くなった年も同じだったと思います。その村岡花子さんが、ヘレン・ケラーの三回目の来日のときに通訳をなされました。

そういう意味では、あのあたりの人と同じ時代の人であり、ある程度の年齢《ねんれい》の女性たちから見れば、オンリー・イエスタデイ（ほんの昨日）なのです。「つい、この前まで生きていた方である」という感じがあるのではないでしょうか。

また、評価はほとんど動かないので、大したものだなと感じています。

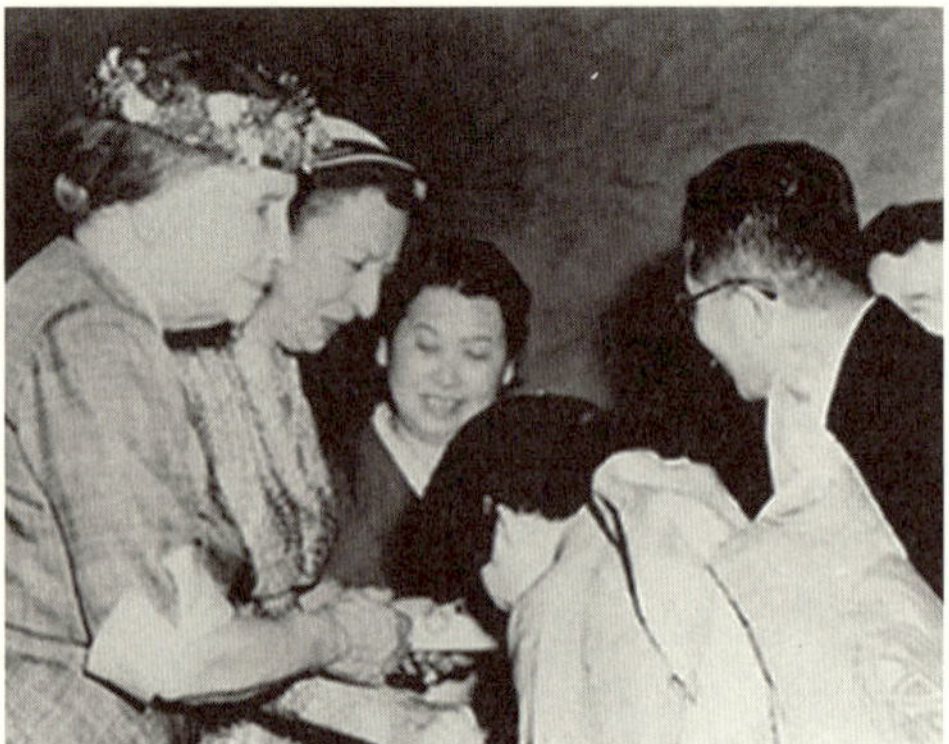

1955年、ヘレン・ケラー（左）の来日時に通訳を務めた村岡花子（中央）。

サリバン先生がヘレンに与《あた》えた「献身《けんしん》的な教育」

大川隆法　さて、ヘレン・ケラーは、アメリカの南部のほうに生まれた方です。生まれたときは普通《ふつう》だったのですが、映画「奇跡《きせき》の人」に描かれたように、一歳七カ月ぐらいのときに、突如《とつじょ》、高熱を出し、視力と聴力を失うことになりました。理由は分からないらしいのですが、それで、「見えず、聞こえず、話せず」の三重苦になるわけです。

そして、ヘレンが七歳になるころに、サリバン先生がお願いされてやって来ました。

なお、サリバン先生自身も、盲《もう》学校を出られた方です。ほとんど全盲に近いところまで行き、その後、回復したようではありますが、常にサングラスをかけてはいました。

ただ、サリバン先生が来たわけですが、それまで、両親がヘレンのことを、あまりにかわいそうだということで、甘《あま》やかして育てていたため、ヘレンは非常にわがままであり、動物と同じような暴《あば》れ方をしている状態だったそうです。

しかし、サリバン先生は、盲学校で勉強されたこともあり、「ヘレンは、動物が暴れているように見えるけれども、〝オオカミ少女〟のような暴れ方ではない。彼女のなかに潜《ひそ》んでいる知的な好奇心というか、『物事を知りたい』『表現したい』という気持ちをストレートに出せないために苦しんで暴れているのだ」ということがお分かりになったのでしょう。

そこで、「両親や家族に預けておいたのでは駄目《だめ》になる」と考え、ヘレンを連れて、わざわざ家から離《はな》れた所に移り、全然別の所に来たかのように見せました。親から引き離して暮らし、かなり厳しい自立訓練を始めるのです。

もちろん、ヘレンは、ものすごく抵抗《ていこう》したため、先生と弟子《でし》との取っ組み合いが何度も起きました。そのとき、サリバン先生は、まだ二十歳《はたち》を過ぎたばかりであり、独身でもあったので、大変だっただろうと思います。

ただ、そのように厳しく躾《しつ》けて、「従順の美徳」や、「学ぶということの意味」などを教えようと努力されたようではありました。

三重苦を抱《かか》えるも「女子のハーバード」と呼ばれる名門校を卒業

大川隆法　それだけでも十分に映画として成立しまして、その作品（「奇跡の人」）はさまざまな賞も取ったと思います。

　なかでも感動的なシーンは、やはり物の名前を覚える場面です。井戸《いど》の水に手をかざして、「ＷＡＴＥＲ《ウォーター》（水）」という字を指文字で書き、小川のなかに手を浸《ひた》して、同じく、「ＷＡＴＥＲ」と書くことで、「物には名前があるのだ」ということを知っていくあたりでしょう。人形についても、「Ｄ」「Ｏ」「Ｌ」「Ｌ」と綴《つづ》りを覚えるわけですが、そのように、「物には名前があるのだ」ということを知るまでには、時間がかかるのです。

ヘレン・ケラーの伝記映画「奇跡の人」（1962年公開アメリカ／Fred Coe/MGM）で最も有名な、"WATER" の意味に気づく場面。

ただ、それからあとの彼女の成長については、そう簡単には、余人をもって理解しがたいものがあり、どうして、あそこまでいったのか、本当に分からないところがあります。障害者に対する、いろいろなサポートもありましょうけれども、どうすれば、そのようになれるのかは分かりません。ヘレン・ケラーの自伝等を読んでも、どうしても分からないところがあります。

例えば、外部の女子校にも通って勉強なされてから、「女子のハーバード」と言われるラドクリフ女子大学（現ハーバード大学ラドクリフ・キャンパス）に行き、優秀《ゆうしゅう》な成績で卒業なされました。サリバン先生も一緒《いっしょ》にいたようです。また、試験も点字で受けるわけですが、点字の仕組みが、自分の習ったもの（ヨーロッパ式）と違《ちが》い、アメリカ式の点字で打たれていたので、読んでも分からなかったこともあるようです。しかし、「どういう法則で点字が変わったのか、説明を受けるチャンスをください」というような交渉《こうしょう》ぐらいはして、その法則を知ってから問題を解いたようなこともあったかと思います。

いずれにせよ、どうして、いろいろな教科の勉強ができたのか、私にもよく理解はできません。語学を学び、外国語の勉強をなされたと書いてありますが、英語は当然として、ドイツ語、フランス語、ラテン語まで勉強しているというのです。このあたりになると、少し身が縮《ちぢ》こまる思いがいたします。

「こういう条件で、英語、ドイツ語、フランス語、ラテン語か」と思うと、健常者であって、そういう語学を勉

ラドクリフ女子大学でタイピング中のヘレン（20歳のころ）。

強する機会に十分に恵《めぐ》まれているにもかかわらず、マスターできない自分たちの無力さが情けなく感じられます。

どの程度までマスターされたかは知りませんが、少なくとも、このハンディのなかで外国語をマスターするというのは、普通ではありません。井戸水の水に手をかざして、「WATER」と手に書いてもらって覚えるぐらいのレベルから始め、四カ国語に対して、これをやったのでしょう。どこまでいけたかは分からないものの、最後は、講演までしているのですから、内容のある話ができるところまではいったのだとは思うのです。

文字についても、〝金釘流《かなくぎりゅう》〟ではありますが、書いたものも遺っていますので、書けるようになったのでしょう。また、発音なども、人の唇《くちびる》が動くのを手で触《さわ》り、その振動《しんどう》を感じながら覚えたところもあるようですから、このあたりの苦労については、到底《とうてい》分からないのですけれども、そうとうなものだろうとは思います。

本当に恥《は》じ入るばかりではありますが、なかなかそこまではいかないでしょう。偉《えら》い人というのは、やはり偉いのだと思います。

ただ、それだけ偉いからこそ、名前が早く遺るのだろうし、障害者は大勢いますが、誰《だれ》もがそのようになるわけではないので、そうとうの努力もなされただろうし、胆力《たんりょく》もあれば、使命感もあったのだと思います。

世界の二十数カ国を回り、講演して歩いていますから、そうとうなものでしょう。そういう意味では、若干《じゃっかん》、恥ずかしい気持ちがないわけではありません。

「ヘレン・ケラーの幸福論」の持つ意味とは

大川隆法　また、「ヘレン・ケラーの幸福論」を説くにあたりましても、こういう人にとって「幸福論」があたるのかどうかということについて考えないわけでもありません。普通の方々が幸福を求めることと、それだけのハンディを持ちながら道を拓《ひら》いてこられた方、逆境から上がってこられた方の人生論とは違うので、私たちが気安く「幸福論」と言っているようなものではない可能性があるでしょう。やはり、そうとう違うものがあるのではないかと感じるところがあるのです。

ただ、ときどき、こういう方が出てくることによって、人類全体が〝引き締《し》まる〟ようなところがあるのではないでしょうか。

当会にも、「●ヘレンの会」というものが、自然発生的にいつの間にかできており、大規模ではないながらも活動していますし、ほかにも、障害児や障害児を持つお母さんたちのために、「●ユー・アー・エンゼル！（あなたは天使！）運動」もしています。

このあたりは、特に私が何かをしているわけではないのですが、二十八年前に録った「ヘレン・ケラーの霊言」あたりが、かすかに〝きっかけ〟となっているのかもしれません。そのように、いろいろと活動しているようです。

本日は、試練のなかを生きておられる方々にとって、「新しい経典《きょうてん》」にあたるようなものをつくれたらありがたいと考えていますし、また、普通の生活をしていながら、幸福・不幸について考え、「自分は幸福ではない」と思っている人

●ヘレンの会　ヘレン・ケラーを理想に掲げ、視聴覚や肢体にハンディキャップを持つ人と、その活動支援をするボランティアの会（本書巻末参照）。

に対しても、もう一回、襟《えり》を正して考えてほしいという気持ちも持っています。

やはり、世界がどのように見えるか、また感じるかということは、本当に相対的なものであって、「それぞれの人の立場によって違って見えるのだ」というところを知ってもらうことが大事なのだと思います。

私もいたずらに年を重ねてしまい、なかなか行き着くところまで行けないでおりますけれども、まだまだ努力が足りないように感じられてなりません。

今日は、ヘレン・ケラーに、まあ、〝私を叱《しか》る〟わけではないので質問者の方々が「代理」にはなりますが、ぜひとも叱っていただくなり、意見を言っていただくなりしていただきたいと思います。

また、障害児を持つ方を始め、いろいろな方に対するメッセージもいただければありがたいと思います。

●ユー・アー・エンゼル（あなたは天使！）運動　「本来、障害児の魂は健全であり、使命を持って生まれてきた天使である」という仏法真理に基づき、障害児とその周囲の人々を励まし勇気づける、障害児支援のボランティア運動（本書巻末参照）。

ヘレン・ケラーが果たした「もう一つの使命」

大川隆法　さらに、一般《いっぱん》にはあまり知られていないのですが、ヘレン・ケラーは、キリスト教系の宗教を信じていました。ただ、普通のキリスト教ではなくて、エマニュエル・スウェーデンボルグに由来する教会（新エルサレム教会）です。

彼は、カントの同時代人で、心霊現象を起こして、遠隔透視《えんかくとうし》をしたり、霊界《れいかい》に旅立って帰ってきたりすることができた方です。また、天界と地獄《じごく》界について膨《ぼう》

1901年に建設された新エルサレム教会（アメリカ・マサチューセッツ）。

大《だい》な著書を書きました。

おそらく、キリスト教的には、霊界情報が足りないことが弱点であるため、そうしたものを残したのでしょうが、まだ十分には広がりきってはいないように思います。ヘレン・ケラーは、この教会に属しており、目の見えぬ身で、「天界、地獄界」の勉強をなされていたわけです。

ただ、意外に三重苦の方は、霊的な指導をかなりお受けになっていたのではないでしょうか。この世的な能力がなくても、霊的に感じる力は、そうとうあったのではないかというように感じています。

そういう意味では、キリスト教において十分ではない「霊界の思想」の部分を広げるような使命も、あるいは担《にな》っておられたのかもしれません。この世の不自由な方を救うという意味もあるけれども、もしかしたら、そういう使命もあったのかと思います。

こうしたなかを、八十七歳までお生きになられたわけです。

しかし、三重苦を持たなくても、ラドクリフ女子大学に入り、卒業することなど、なかなかできないでしょう。ヒラリー・クリントンさんが、このあたりの大学を出ていますが（ウェルズリー大学）、いずれも、けっこう難しいところですから、大したものだと思います。

勉強がしたくなくて、ぐずっているような方には、いい〝お灸《きゅう》〟になる可能性もあるのではないかと考えます。

あまり長くなってもいけませんので、これから質問等を通して話をしていきたいと思います。

天上界《てんじょうかい》よりヘレン・ケラーを招霊《しょうれい》する

大川隆法　それでは、有名なヘレン・ケラー先生をお呼びいたしまして、運命に立ち向かっていった勇気、人生論、それから幸福論について、語って頂きたいと思います。

普通の人たちには分からないような視点から物事を見ておられると思いますので、どうぞ、のちの世に生きていく人たちのためにも、天上界《てんじょうかい》からヘレン・ケラーの言葉としてお考えをお伝えくださいますよう、心の底よりお願い申し上げます。

また、女性たちの生き方についても、ご意見があればお伺《うかが》い申し上げたいと思います。

あるいは、「光の天使の使命」というようなことについてもご関心があるかもしれません。

天上界のヘレン・ケラーよ。

ヘレン・ケラー女史よ。

どうぞ、この日本の地に再び降り立って、われらに導きの光を与《あた》えたまえ。

ヘレン・ケラー女史よ。

どうか、この日本の地に再び降り立って、われらに導きの言葉をお与えください。


（約二十五秒間の沈黙《ちんもく》）

2 「不幸の種」を「幸福」に変えた
ヘレン・ケラーの人生観

「不幸」と思われることが「幸福の原因」だった

ヘレン・ケラー　ヘレンです。

磯野　本日は、幸福の科学大悟館《たいごかん》にご降臨くださいまして、まことにありがとうございます。

ヘレン・ケラー　うーん……。

磯野　本日は、「ヘレン・ケラーの幸福論」と題しまして、現代に生きる私《わたくし》たち、また、未来の世の中に生きる人類に対して、新たなる福音《ふくいん》を賜《たまわ》れればと存じます。

ヘレン・ケラー　うーん、難しいですねえ……。少し難しいかもしれません。そういう、「人類への福音」というのは、ちょっと私には荷《に》が重《おも》うございます。ハンディキャップを持ちながら生きていく人への、かすかなアドバイスぐらいならできますけれども、人類全体を導くのはイエス・キリスト様にお願いしたほうがよろしいかと思います。

磯野　かしこまりました。

それでは、現代に生きる、障害をお持ちの方、また、障害を持たれている方をお支えされている家族や、身の回りの方、さらには、今、試練に遭《あ》っている方々に対する「希望の光」を頂ければと思います。

ヘレン・ケラー　ええ。私の仕事は、本当に本当に、小さな小さな仕事なので。二歳《さい》になる前に高熱を出して障害を持って、それを、多くの人の支えを受けて社会生活ができるところまでしていただいて。まあ、それを少しでもお返ししたくて、同じような立場にある人を励《はげ》ましたいという気持ちだけで、また、多くの人の支えを受け続けながら使命を果たしたというだけなので。

これは、本当のロウソク一本ですね。ロウソクの一本を灯《とも》しただけの人生と言えるのではないかと思うので、決して、あなたがたがおっしゃるような大きなものではございません。

磯野　ありがとうございます。

まずは、「ヘレン・ケラーの幸福論」というテーマでございますので、あらためまして、ヘレン・ケラー様が生涯《しょうがい》を通じて目指された「幸福」というものについて、お伺《うかが》いできればと思います。

ヘレン・ケラー　やはり、目が見えなかったこと。耳が聞こえなかったこと。

したがって、しゃべれなかったこと。そして、不自由であったこと。これらがすべて、幸福のもとです。

もし、普通《ふつう》の少女として、すべてが与《あた》えられ、すくすくと育っていたなら、そして、女子大を卒業し、職業に就《つ》いて、生きて、結婚《けっこん》して、子供を産んで、死んだというだけの人生だったら、私は、今回の人生以上に幸福ではなかっただろうと思うのです。

あなたがたが「不幸」と思うことが、私の「幸福」の原因でした。そう思います。つくづく、そう思います。

この世に、不幸の種と思うことは、たくさんあると思うのですけれども、すべて神の御業《みわざ》の現れたものだと思って、しっかりと受け止めて、そのなかから自分の道を探していくことが大事なのではないかなというふうに思います。

転機となったサリバン先生との出会い

磯野　今、ヘレン・ケラー様がおっしゃったように、生まれてこられたときには健康体で、この世界も見え、音も聞こえ、また、しゃべることもできたかと思います。

ヘレン・ケラー　ええ、ええ。

磯野　しかし、まだ二歳にもならないうちに、目が見えず、耳も聞こえず、また、自分の考えていることを話すこともできなくなるということは、私たち健康な体を頂いている者には、到底《とうてい》知りえない苦しみであったと思うのです。

そのとき、ヘレン・ケラー様は、どのような思いでいらっしゃったのでしょうか。

ヘレン・ケラー　まず、親の気持ちは分かりました。よく分かりましたね。とにかく、一家の恥《はじ》であることは間違《まちが》いないし、「自分たちが年を取って死んでいったあと、どうなるか」という心配がたくさんあったと思うのです。

だから、何とかして、日常生活ができる。要するに、朝起きて、普通にご飯《はん》を食べて、就寝《しゅうしん》するまで、自分自身の日常生活が、なるべく人の手を借りずにできるところまで行けば、たぶん親としては、それで十分だったのではないか、と。願いとしては、そこまでしかなかったと思います。

まあ、映画等で描かれているようでございますけれども、私が本当に手に負えない、乱暴な暴《あば》れ方をしていたので、それを理解できなかったということは、確かにあったと思います。

ただ、サリバン先生がお出《い》でになられて、私が、それだけ手がつけられないような子であった理由を、すぐに分かられました。「この子には知的欲求があるんだ。本当は、厳しく躾《しつ》けて勉強させて、もっともっと、この欲求を満たしていけばよいのだ。

アン・サリバン（1866 ~ 1936）
幼少時、トラコーマにかかり、盲目状態となったが、パーキンス盲学校時代の手術である程度回復。卒業後、ヘレン・ケラーの家庭教師を務めるようになった。厳しくも献身的な指導により、ヘレンは言葉を獲得、ラドクリフ女子大学に入学した。後年、ヘレンが各地で講演に行く際には同伴するなど、その活動を支え続けた。

今、違った自己実現をしようとしているのだ」ということを分かってくださったことが大きかったと思います。

やはり、この間《かん》の葛藤《かっとう》は、そうとうありましたけれども、神様が、何をお考えになられて、私を、こういうかたちで、この世にお送りになられたのかは分かりませんでしたね。

だけど、八十七年もの人生を生きて、本当に本当にありがたかったなというふうに感じています。

サリバン先生と多くの人たちの善念に対する思いを語る

磯野　ただいまもお話がございました、「奇跡《きせき》の人」という映画を、私も何度も拝見しています。

そのなかでは、目が見えないために、家のなかを手探《てさぐ》りで歩いている様子や、スプーンやフォークをきちんと持つことができず、食べ物を手でつかんで食べる様子などが描かれていました。

そこに、サリバン先生がいらっしゃり、最初、ヘレン・ケラー様は、その非常に厳しい躾《しつけ》、教育に反発をされながらも、次第《しだい》に、その教育に従うようになって、知的な、教養のある女性へと成長していかれたと思います。

ヘレン・ケラー様にとりまして、「サリバン先生との出会い」とは、どういったものだったのでしょうか。

ヘレン・ケラー　やっぱり、私が、あんまり〝偉《えら》く〟なってしまうのには問題があるかもしれないです。家族、あるいは、先生も含《ふく》めて、その後《ご》、大人になってから助けてくださった数多くの方々や、世界中の、私を支援《しえん》してくださった方々など、いろいろな力で活動ができたのであって、私自身が、超人《ちょうじん》的な活動をしたわけではないので、それは大いなる誤解であります。周りの人たちの、本当に献身《けんしん》的な、いろいろな支えがあってのことでございますので。

動物の世界であれば、私のような者は、もうとっくに野生の動物に食べられて、命を落としてるような存在でしょう。人間の世界だからこそ、こういう者に対しても、同情の思いや、あるいは、支援する思いを出してくださる方が数多くいて、そして、仕事をさせていただいたということです。

私なんかは、本当に本当に、飾《かざ》りの帽子《ぼうし》のような存在にしかすぎないと思います。私は、動いている体の上に乗っている帽子のような存在で、動かしていたのは、多くの人たちの「善念」なんです。善なる思いが動かしていたのであって、本当に、私が仕事をしていたわけではないと思います。

磯野　ヘレン・ケラー様は、多くの方々の支えによって、世界に対し、大きな影響《えいきょう》を及《およ》ぼすお仕事をされたと思うのですけれども、やはり、その原点には、「自助努力の精神」があったのではないかと思うのですが……。

ヘレン・ケラー　いやあ、そんなことはございません。本当に、親に迷惑《めいわく》をかけどおしでしたし、あまりに極端《きょくたん》な〝悪の道〟に入っていたので、サリバン先生が、心を鬼《おに》にして……。

まあ、自分も、体の不自由な人たちを受け入れる学校で勉強された方であるから、「そういうことは、あなた一人ではないんだ。甘《あま》えちゃいけないいんだ。自分を厳しく躾《しつ》けなければ、このあとを生き残っていくことはできない。自立していくことを覚えることだ。親にとって、いちばん心残りのところはそこなんだから、何としても、自分のことを自分でできるようにしなきゃいけない。いくらつらくとも、そこまではやらなきゃいけないんだ」ということで、一生懸命《いっしょうけんめい》、その道に導いてくださったのが大きかったのであって、私自身の自力じゃないと思います。自

ヘレン・ケラーの伝記映画「奇跡の人」（1962年公開アメリカ／Fred Coe/MGM）から。サリバン先生がヘレンに力づくで食事マナーを躾ける場面。

力じゃなくて、私は、ただ、先生の熱意に説得されたんです。

そして、ほかに頼《たよ》るものもなかったので、ついていくしかなかったという状《じょう》況《きょう》でしたし……、まあ、うまく〝線路〟に乗せてくださったのがサリバン先生で、そのあと、いろいろな方が手伝ってくださるようになってきたということですね。

もし、そういう、恵《めぐ》まれた環境《かんきょう》がなかったら、本当に、私も、単なる〝一家の恥《はじ》〟で終わった可能性もあると思います。

〝闇《やみ》の世界〟のなかで「光」を求めていたヘレン・ケラー

斉藤　今、お話をお伺いしていて、ヘレン・ケラー様は、「自分が努力した」

というより、「周りの方に支えていただいた」という思いを強くお持ちなのだなと感じるのですけれども……。

ヘレン・ケラー　そのとおりです。

斉藤　例えば、日本神道《しんとう》の女神《めがみ》様からも、「他力を受けるという思いを持つとともに、自分が与えられた環境のなかで努力していくということも大切なのですよ」と、お教えいただいています（『卑弥呼《ひみこ》の幸福論』〈幸福の科学出版刊〉参照）。

サリバン先生やご家族などのお支えはあったかと思うのですが、例えば、先

『卑弥呼の幸福論』（幸福の科学出版）

ほど、「苦しみと思っていたそれ自体が、幸福の種であったと気づいた」とおっしゃいましたように、やはり、私たちから客観的に見ますと、ヘレン・ケラー様が、そう思うようになるには、やはり、何らかの努力があったと思うのですけれども……。

ヘレン・ケラー　いやあ、それは間違いだと思います。

斉藤　そうですか。

ヘレン・ケラー　努力したっていうことはありませんね。

まあ、精一杯《せいいっぱい》言って、それは、「運命を受け入れた」ということだし、もっと卑俗《ひぞく》な言葉を使えば、「あきらめた」ということだと思うんです。つまり、「普通の人と同じになることをあきらめた」ということだし、「自分の運命を受け止めた」ということであって、受け止めたということを、「努力した」と言うなら、そうかもしれませんけども、普通は、この程度では「努力」とは言わないでしょう。

さらに、勉強したというようなことも、「努力した」というふうにおっしゃるのでしょうけども、これは努力じゃなかったんです。努力ではなくて、〝闇《やみ》の世界〟のなか、音が聴《き》こえない世界のなかにおいて、本当に、光を求めていた。要するに、喉《のど》が渇《かわ》いた人が「水」を求めるように、「光」を求めていただけです。闇のなかで、「光」を求めていただけであって、努力したわけじゃないんです。それが、ある意味での、知識欲とか、そういうものになったんだと思います。

ヘレン・ケラーが考える「障害者と健常者の違《ちが》い」とは

ヘレン・ケラー　それと、多少、字を覚えたり、話が分かるようになったりすることによって、周りの人が喜んでくださっていることが伝わってくるので、周りの方の喜びが、自分の喜びになって増幅《ぞうふく》されてくる感じが明らかに伝わってくるんです。

喜んでくださることが分かるので、その喜びを、自分の喜びとしただけで、「努力」という言葉を言われると、私は、それに当たってないと思います。

もっと困難のなかにありながら、自分で修行《しゅぎょう》をし、積み上げて、大きな仕事をなされた方は、たくさんいるんじゃないでしょうか。

私は、本当に、多くの人に支えられ、ほんの、〝飾り〟として、「ハンディを持った人間でも、社会のなかで認められるような可能性があるんだ」ということの一端を、お見せしただけです。

斉藤　ただ、健常者であっても、障害を持つ方であっても、やはり、人生に困難を感じているなかで、「私は、そんなに努力しておらず、支えられていただけです」というヘレン様のような境地に至るのは、なかなか難しいものがあります。

ヘレン・ケラー　いやあ、それはそうです。そうだと思いますよ。だって、健常者の方は、私みたいに、多くの人のサポートを受けてませんから。自分でやってると思いますよ。自分で自分のことをしていらっしゃるし、自分で勉強して、自分で困難な道を拓《ひら》かれ、お仕事に邁進《そうぐう》されて、努力されて、難しい仕事をされてるんでしょう。

私のように、いつも人の助けを受けながら、「少しでもいいから、一滴《いってき》でもいいから、インクのしみ程度でいいから、世の中に貢献《こうけん》する仕事をしよう」というぐらいの、小さな願いしか持ってない人間と、サポートも受けず、自分で努力して、道を拓き、大きな仕事をしていこうとされてる健常者とは、やはり、全然、違うと思います。全然、違《ちが》うと思いますね。

8歳のころのヘレンとサリバン先生。サリバンに支えられながら立派に成長を遂げたヘレンは、やがて悩みや苦しみのなかにある人々のために生きる道を歩み始めた。

3　三重苦のなかで感じていた「霊的《れいてき》な感覚」とは

「内的空間」が膨《ふく》らんでいったことへの喜び

磯野　先ほど、「運命を受け入れた」というお言葉がございました。

ヘレン・ケラー　うん。うん。

磯野　現代に生きる私たち、例えば、障害をお持ちの方や、あるいは、健全な私たちであっても、試練に見舞《みま》われたときには、どうしても、環境《かんきょう》を呪《のろ》い、不幸の原因を他の人や環境に帰《き》したくなる気持ちが出てくるものです。そうした心が出てくるのが自然であるなかで、どうして、ヘレン・ケラー様は、本当であれば呪いたくなるような環境や運命を受け入れることができたのでしょうか。

ヘレン・ケラー　うーん……。まあ、多くの人の努力と躾《しつけ》のおかげで、学校に行けたと思いますけども、学校に入ってからは、いろいろな「知識」を学ぶことができ、大学でも勉強させていただいたことで、「新しい世界」が開けてきたっていうことかな。

やっぱり、その「内的空間」っていうのが膨《ふく》らんでいくという喜びもあったし、それが広がっていけば、自分のできることが増えていくっていうのかな。

目に見えて増えていく感じがありましてね。それが、とてもとても、ありがたいことであったと思います。

その後、大学から先も、いろいろな知識について勉強させていただいたし、それからあとも、協力してくださる方が、たくさんいらっしゃいましたから、まあ、ある意味で、〝逆ハンディ〟かもしれません。

私なんかは、そういうふうに、普通《ふつう》の人が見ると、「（障害者には）難しいだろう」と思うことをやっているということで、ほめられすぎているんです。

例えば、アメリカのオバマ大統領は、「黒人の血が半分ぐらい入っている黒人大統領だから珍《めず》しい。だから、素晴《すば》らしい」っていうようなスタートをなされましたように、その珍しさが、素晴らしさや、すごさに見えてる面もあります。それを取り去ったときに、どれほどのことがあったかということを考えますと、やっぱり、（私が）成したことは少ないので。

真実の世界から見ると、「逆転」しているこの世の世界

ヘレン・ケラー　あとは、知識的に、少し「学問の世界」を知ったこと以外には、やはり、「教会で神様の教えを学んだ」ということがあるでしょうかね。

「私たちが生きているこの世以外の世界があって、神様がそこにおられるということは、目が見えず、耳が聞こえず、しゃべるのも自由でない自分のほうが、むしろ、その神様のいる世界のほうに近いところにいるんじゃないか。実は、その境界線に立ってるんじゃないか」と思ったんです。

逆に、この世の人たちは、健常であるがゆえに、この世の世界が見えるがゆ

えに、あの世の世界が見えない方、あの世の声が聞こえない方、神様が感じられない方がたくさんいらっしゃる。そういう意味で、地上には、〝目の見えない人〟が溢《あふ》れていらっしゃるんですよね。何億人も、何十億人も……。神様なんか知らない。霊界《れいかい》なんか知らない。天使なんか知らない。そういう方がたくさんいらっしゃる。

このように、実は、〝逆転〟していて、健常者と思われる方が、魂《たましい》において、健常者ではなく、健常者でない私のほうが、魂においては、神様がつくられた世界の、いちばん近いあたりにいたのかなあっていう気もします。

運命は、一つの扉《とびら》が閉《と》じると別の扉が開く

斉藤　信仰《しんこう》についてお話しいただいたので、もう少し深く教えていただきたいと思います。

一般《いっぱん》の方々のなかには、「三重苦でありながら、そうした抽象概念《ちゅうしょうがいねん》というものを、どうやって知ったのだろうか」という疑問もありますが、今、語っていただきましたように、例えば、日本でも、目の見えない方のほうが、よく霊視《れいし》ができたり、霊道《れいどう》が開けたり、天国、霊界に近い生き方をされていたりします。

そういうことが、歴史上あるわけですけれども、ヘレン様が生きていらっしゃったときには、どのような感じで、霊界を見、この世をご覧になっていたので

しょうか。

ヘレン・ケラー　私は、あなたのご質問を十分には理解できないんですけれども。たぶん、理解できたのは、三十パーセントぐらいかと思います。ちょっと難しいので、言われていることが、よく分からないんですが、普通の人間が使う器官を使わないがゆえに、例えば、「その人が、どんな人であるか」とかいうようなことが、よく分かるところはあるんですよね。

だから、目の見えない方でも、あんまマッサージですか？　まあ、ああいうのをやってる方もいますが、手で触《さわ》っただけで、その人の疲《つか》れや精神的な悩《なや》み、その人が背負っておられる重荷、人生の苦労など、そういうものを全部、指先から感じ取れる人もいるんですよね。これが超能力《ちょうのうりょく》というふうに言われることは、普通、ありませんけれども、ある器官が未発達の場合、別の器官が代替《だいたい》として発達してくることがあるんですよね。人の体を触っただけで、名前を聞かなくても、あるいは、声を聞かなくても、誰《だれ》であるかが分かる。そういうところがあったりするんですよね。

だから、運命について、「一つの扉《とびら》が閉《と》じたら、別の扉が開く」というふうに言われることがあるけれども、本当にそのとおりでして、「何かの扉が閉じた」ということは、神様から、「余計なことに関心を持つな」と言われたのと同じで、「そちらに関心を持たずに、おまえのできることに力を注ぎなさい」と言われたような感じがします。

私は、あなたのご質問について、全部は分からないんですけども……。霊界と、この世の対応のところが、よく分からないので、言ってることがよく分からないんですけれども、要するに、私は、三次元といわれるこの世の世界で、みんなが持っているような欲望とか、利益とか、そういうものに対しての関心が非常に薄《うす》くなっていきましたから、その分、違《ちが》うことに一生懸命《いっしょうけんめい》になれたというか、そちらに思いを傾《かたむ》けることができたっていうことがありますね。

そういう人の気持ちや、ハートの、何て言うのかなあ……、うーん。それが伝わってくるんですよ。それを霊能者みたいに言うこともできますが、まあ、ほかの方が、どうであったかは、十分には分かりませんけど、当然、発達するものなんじゃないでしょうか。〝闇《やみ》の世界〟に生きている者は、それなりに、いろいろな機能が発達してくるものじゃないかなあと思いますけどねえ。

生前に体験したと思われる「幽体離脱《ゆうたいりだつ》」について訊《き》く

斉藤　生前のご著書のなかに、「図書館で瞑想《めいそう》されていたときに、ギリシャのアテネの街を見て来た」という、いわゆる、幽体離脱《ゆうたいりだつ》の体験をされたのではないかと思われる記述もあるのですけれども……。

ヘレン・ケラー　ああ、それは難しいですねえ。私のような者が言うことは、物語で聞いたり、本で読んだりしたような「知識」と「現実」とが混ざりますのでね。だから、どこまでが本当なのか、単なる思いなのか、想像なのか、そのへんの区別がつかないところがあるので、うーん、言われてるようなことが、どうなのかは、私には、ちょっと分かりません。

アテネの物語を聞いた覚《おぼ》えがあったりして、それが記憶《きおく》の奥底《おくそこ》にあると、それが見えてくるような……、まあ、見えないのですけれどもね。見えないけれど見えてくるような、そういうふうに蘇《よみがえ》ってくる感じ、既視《きし》感みたいな感じというか……。そういう、あたかも、その時代を見たかのように、その場所を見たかのように感じることがあるので、それが、あなたが思っておられるようなものなのかどうかについては、正直に言って、私は、ちょっと、よく分かりません。

点字本を読む 27 歳ごろのヘレン・ケラー。

ヘレン・ケラー自身が考える「心の声」の正体とは

斉藤　ただ、ヘレン・ケラー様のご著書などを見ていますと、例えば、「こういうふうに聞こえた」ですとか、「何色をしている」ですとか、あたかも、見えているかのような、聞こえているかのような、そうした記述が多く見受けられるのですけれども……。

ヘレン・ケラー　それは、「心の声」みたいなものを感じることはありますよね。そういうのはありますから。もしかすると、まあ、ほかの方については分からないんですけれども、守護霊《しゅごれい》・指導霊《しどうれい》や、神様といわれるような方々が、導きとして、何かなさっていた可能性はあるとは思うんです。

「その人が、何色のものをつけているかどうか」なんていうことは、実際、私には関係のないことではあるけれど、お客様とか、観客の方とかがいて、お話ししたりしていますから、「自分が、どういうふうな姿に見えているか」みたいなことは、自分では分からないので、「多くの人に見苦しくないような感じに見えているかどうか」というようなことを、多少、周りの人の意見を聞いて、感じ取るようなところはありました。

斉藤　写真をお見受けしましても、本当にお美しい姿をされているなという印象を受けます。

ヘレン・ケラー　ええ？　よく聞き取れないんですが……。

斉藤　（苦笑）お美しくいらっしゃいまして、写真を見ましても、本当に、徳を感じるのですが。

ヘレン・ケラー　見えない人に対して、そういうことを言っても……。お世辞にも何にも感じないので……（苦笑）。

斉藤　（苦笑）

サリバン先生（右）と指文字で会話をする14歳のころのヘレン・ケラー（左）。

ヘレン・ケラー　私なんかには、「美しい」っていう意味が分からないし、何が美しいのかが分からないので、何を美しいとおっしゃるのか……。

（斉藤に）あなたのような人を美しいって言うんじゃないんですか。

斉藤　（苦笑）

磯野　やはり、「内面の美しさ」というものが現れてきているのではないでしょうか。

信仰に目覚めるきっかけとなったスウェーデンボルグとの関係

磯野　先ほど質問者から話がありましたように、ヘレン・ケラー様は、「霊的な目覚め」を経験されたと思うのですが、信仰に目覚めるきっかけになったのは、スウェーデンボルグ様が書かれた著書であったと伺《うかが》っています。

ヘレン・ケラー　ええ、ええ。

磯野　また、以前に頂いた霊言《れいげん》におきましては、「生前、ヘレン・ケラー様を天上界《てんじょうかい》からご指導されていたのは、スウェーデンボルグ様であった」というようにも伺っています（前掲《ぜんけい》『大川隆法霊言全集 第14巻』参照）。

そこで、改めまして、スウェーデンボルグ様とヘレン・ケラー様のご関係についてお教えいただければ幸いです。

ヘレン・ケラー　私の力が足りないので、世の中に十分にお教えすることができなくて、本当に申し訳ないと思っています。

スウェーデンボルグさんも、「天界の秘義」や「天界と地獄《じごく》界」について、いろい

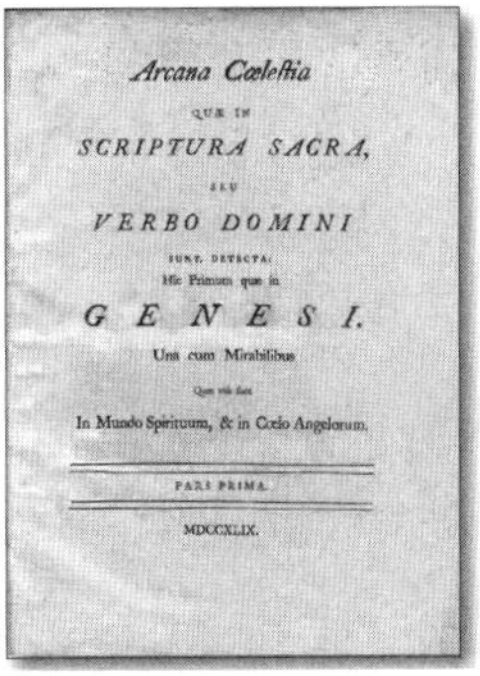

エマニュエル・スウェーデンボルグ（1688 ～ 1772）
スウェーデンの神秘主義思想家・自然科学者。諸学に精通したヨーロッパ有数の学者が、後半生に霊界研究に取り組み、後世に多大な影響を与えた。主著『天界の秘義』（右：初版本）等。

ろな教えをたくさんお説きになられて、たぶん、二千年前のイエス様が、十分に解き明かせなかった部分のところを、お埋《う》めになられたんだと思うんですけどもね。

そういうところを十分に広げるお手伝いをしたかったんですが、なかなか、そこまではいかなくて、やはり、「障害者が社会活動できる」っていうレベルのところの理解で止まっていたことが多くて……。

宗教を出したとしても、いわゆる、あなたがたが、宗教の内容で、いろいろと批判されたり、判断されたりするのとは違って、「最初からハンディがあるのに、頑張《がんば》っておられる方が、心の支えとして宗教を信じるぐらいのことは、何ほどのことでもない」というふうなかたちでの見方ではありました。

だから、本当の意味での宗教家の苦労っていうのは、私には、全然、分かってないと思いますし、その意味では甘《あま》やかされて生きたと思ってます。

「LOVE《ラブ》という言葉がショパンの調べのように胸に響《ひび》いてくる」

磯野　ヘレン・ケラー様が点字で、例えば、「LOVE《ラブ》（愛）」や「WISDOM《ウィズダム》（知恵）」といった言葉に触《ふ》れたときに、「光を感じた」というふうに書かれている書物もあります。

幸福の科学では「霊流《れいりゅう》」、あるいは「光」という呼び方をすることもありますが、おそらくスウェーデンボルグ様が書かれた本を読まれるなかで、天上界の「光」や「調べ」、「波動《はどう》」を心のなかで感じられていたのではないかと推測するのですけれども、いかがでしょうか。

ヘレン・ケラー　「スウェーデンボルグ様の説かれている世界」は、この世に生きておられる人たちには見えない世界ということなので、「見えない世界のことについて説いておられる」という意味では、私にとってハンディがないんですよね。

〝お互《たが》い見えない〟ということで「イコールの世界」なので、この世の仕事だったらハンディはありますけれども、あの世の世界に関してはハンディはない状態なんですよね。

むしろ、「この世が見える」ということが、ある意味での〝サングラス〟になってしまって、それを通してでないと物事が考えられない、見えない人がいる。

それにもかかわらず、私には霊界を見るときに〝サングラス〟が必要でなかったところがあるので、この世の人よりもおそらくはもっとストレートに「光」の感覚とか、「感動」の感覚とか、「愛」というものの持っている響《ひび》きのようなもの、「ＬＯＶＥ」という言葉が「ショパンの調べ」か何かのように胸に響いてくるんですよね。

たぶん想像ですけども、こういう感覚はこの世で生きている普通の方々にはちょっと分からない部分じゃないかと思いますけどねえ。

この世でもあの世でも、魂《たましい》全体で「霊的《れいてき》世界」を感じ取っている

磯野　もしよろしければ、ヘレン・ケラー様がご覧になっていた天国の世界を描写《びょうしゃ》していただけませんでしょうか。

ヘレン・ケラー　この世に生きていたときは、「暗闇の世界」なんです。暗闇のなかで生きているので、言ってみれば「洞窟《どうくつ》の世界」のなかで生きているようなもので、コウモリのように、超音波を出して、その跳《は》ね返りを見ながら空を飛んでるような状況《じょうきょう》だったんだろうと思うんです。

けれども、この世が見えない反面、全身というか、魂《たましい》全体で自分たちを取り巻いている霊界《れいかい》世界が見える、感じ取れるっていう感じがありました。

その霊的な存在が近寄ってきたときに感じるんですよね。どういう思いを持ったものが自分に近寄ってきてるかっていうことを感じられて、相手の思ってることが伝わってくるんですよね。これは言葉でなくて何か伝わってくるんですよ。「温かいもの」とか、「勇気」とか、「励《はげ》まし」「優《やさ》しさ」「労《ねぎら》い」、そういうものが伝わってくるんですよねえ。

まあ、そういうところで、やっぱりずいぶん違うんだろうなあと思う。

私が見ていた世界は、それが目に見える世界のように霊界が見えていたかどうかは分かりませんけれども、何か〝全身で感じ取ってる〟ようなものだったと思うんですよ。

例えば、これは皮膚《ひふ》全体が温度とか、空気とか、こういうものを感じますけれども、それと同じような感じで、体の表面全体で霊的な世界を感じ取っているっていうか、見て取っているようなものだったので、あなたがたが「天国の風景」として描写されているような世界を、見ていたかどうかは分かりません。同じかどうかは、それについては分からないです。

斉藤　今、天国にいらしゃいまして、どういうふうな違いがございますか。

ヘレン・ケラー　うーん。地上で生きている人間が見ているような、視覚や聴《ちょう》覚《かく》、味《み》覚《かく》やそういういろいろなものが戻《もど》ってきて、生活してるっていう感じはないです。そういうものではなくて、「もともとの姿」っていうんですかねえ……。

だから、たぶん地上に生きてる人間は、地上に生きてたときに見てきたり、感じてきたものに類《るい》似《じ》したものを、霊界で見ようとしているんだと思う。あの世の生活している人たちや、あの世の天使がたを、「人間的なもの」として見ようとしていると思うんですが、私はそういうものを見てないがゆえに、あの世に還《かえ》ってもそういうふうに捉《とら》えようとしてないんですよ。

例えば、「大きな光が自分に近寄って来ようとしてる」とか、「こういう思いを伝えようとしているものが自分に迫《せま》って来ている」とか、ときには、「何か悪い考えを持ったものが近寄って来て、迷わそうとしている」とか、そういうものを敏感《びんかん》に感じるようにはなりましたけども。

逆に言えば、この世の人たちはこの世の生活を媒介《ばいかい》にして、類推して霊界を見ているんだと思うけれども、実際の霊界は、本当はこの世に似たものではないと思うんです。

実際、この世の人で死んだ方はみんな、この世に似たようなものとして、類推できるものとして霊界を見ていて、霊界の真実の姿を知るところまでいかない人も多いというふうに聞いています。

やっぱり、地上の近くに住んでいる方や浅い天上界に住んでおられる方は、人間世界と同じようにしか霊界を見ないままに、あの世の生活を続けていると聞いているけど、私はもともとそういうふうに感じてなかったのです。目には見えなくても大きな太陽のようなものが近づいてきたら、「ああ、イエス様が今来られてるんじゃないか」っていうふうに感じるっていうことですかねえ。

私の使命は「奇跡《きせき》」を通して人々の「信仰《しんこう》」を強めること

斉藤　今、霊界で近くにいらっしゃるのは、どのような方でしょうか。

ヘレン・ケラー　うーん……。イエス様に関係がある方とスウェーデンボルグ様、イエス様の弟子《でし》や、そうした活動に賛同されているような方々、あるいは社会福祉《ふくし》や赤十字《せきじゅうじ》、そうしたものの活動に参加されておられるような方々ですかね。そのような方々がお出《い》でになりますね。

斉藤　やはり、今も社会福祉のほうにご指導などをされていますでしょうか。

ヘレン・ケラー　うーん、まあ、そうかもしれないし……。

斉藤　もっと、それ以上の何かをされていますでしょうか。

ヘレン・ケラー　うーん……。使命としては、「キリストの御業《みわざ》を何か助けたい」っていうふうな感じなんですよねえ。そういう感じがあるので。キリストの御業を何か助けたい。

だから、私はずいぶん手がかかりすぎた者なので、あれなんですけど……。イエス様のときは奇跡《きせき》を起こされて、目の見えない者を見えるようにしたりとかは一瞬《いっしゅん》でなされましたけども、私どもの時代には、そういうことはあまりありませんでした。

時代的にずいぶん変わりましたけれども、ある意味で、「奇跡のない時代」に入っているがゆえに信仰《しんこう》が薄れてきてはいるので、「奇跡」を通して「信仰」を強めていくような仕事をしたいなあと思って、お手伝いして歩いてるんですけどもねえ。

4　ヘレン・ケラーから障害を持つ人々へのメッセージ

一定の割合で障害者が存在することの意味とは

斉藤　幸福の科学でも、「ヘレンの会」や「ユー・アー・エンゼル！運動」という障害者を支援《しえん》する活動を行っております。そこでも奇跡《きせき》が起こることもありますし、ただ奇跡を起こすのではなくて、ヘレン様のように、そのなかで精《せい》一杯頑張《いっぱいがんば》っていくということが幸福であるというかたちの考え方もあります。

そういう方々に対して、何かアドバイスや幸福論的なものをお説きいただけますでしょうか。

ヘレン・ケラー　目が見えない、耳が聞こえない、それからしゃべれない、あるいは足が立たない、手が動かない。いろいろなハンディの方はいっぱい、いらっしゃると思うんですね。

でも、「なぜ、そうなったか」ということについては、分からないだろうと思うんですよ。それで、「運命論」的に受け入れすぎるのはどうかとは思うし、運命だと思えば、それまでになってしまいます。

けれども、『聖書《せいしょ》』で言ってるとおり、ある意味で「神の御業《みわざ》」が現れているというふうに考えられたほうがよいのではないでしょうか。

例えば、目が見えなくなっている、あるいは耳が聞こえなくなっている、鼻で匂《にお》いが嗅《か》げなくなっている、食べても物の味が分からないとか、手の感覚が麻痺《まひ》して触《さわ》っても物が分からないとか、いろいろなことがあると思うんですが、「なぜ、そうなのか」は分かりません。本当に分かりません。

ただ、健常者といわれる方が備えている機能の何かが欠けている人が、一定の比率でこの世に存在することで、「不完全」を示すことによって、「完全とは何か」ということを証明されているということはあると思うんですね。

自分がなぜ選ばれたかは分かりません。でも、耳が聞こえない人がいることによって、「耳が聞こえるということは、どれほどの幸福か」ということを教えてくださってると思うんですね。耳が聞こえるがゆえに、音楽の素晴《すば》らしさが分かる。これはものすごい喜びですよね。

もし、耳の聞こえない人が途中《とちゅう》から耳が聞こえるようになって、素晴らしい音楽が数多く聞こえるようになったら、「こんな幸福があるだろうか」と思うでしょう。「これだけの幸福が頂けるなら、もうお金になんか換算《かんさん》できない」と思うほどのものだろうと思うんですよね。目が見えない人も見えるようになったら、「もうお金に換《か》えられるようなものじゃない」っていう幸福だと思うんです。

ただ、神様は半分以上の人に、わざわざそういう目に合わせて苦しませるというようなことは、なされてはおられません。ごく一部の方、千人に一人とか、万人《まんにん》に一人とかいうようなハンディだと思います。

その程度の人数の方とそのご家族に、一定の苦しみがあるとは思うんですけれども、それによって逆に、「救われてる人がいるんだ」ということも知っていただきたいなあと思うんです。それがないと、「自分が幸福に生きている」ということが分からない人がいるわけです。

自分が幸福に生きていることを分からないでいると、それが世間《せけん》への不平不満とか、国や社会への過剰《かじょう》な期待からの失望になって、犯罪者が生まれたり、あるいは自分が救われないまでも、「自分と同じように、不幸を広めてやろう」と思うような人間が出てきたりすることになるんですよね。

障害を持つ人の「心のあり方」の注意点

ヘレン・ケラー　もちろん、そういう障害を持って生まれても、それで世を恨《うら》んで、心が煤《すす》のように真っ黒になってしまい、善の働きができなくて、悪を増《ぞう》幅《ふく》させたままで終わってしまう人がいると思うんです。

それは私が幼少時に経験したことですが、幼少時であったがゆえに大人の力のほうがまだ強くて、私の教育をし直すことができました。けれども、大人になってそうした障害を持つことによって、世の中を恨んでいる方もいっぱいいるかもしれません。

恨みによって自分が幸福になることはないんだけれども、恨みが深くなれば、社会を恨み、国を恨み、最後は神を恨むところまでいくと思うんですね。

だから、与《あた》えられたものが同じでも、違《ちが》うものを見ること、違うものを感じることはあると思います。

必ずしも、障害を持てば真理に目覚めたり、神を知るようになったり、人の愛が分かるようになるとは限らない。むしろ、自分を呪《のろ》ったり、運命を呪ったり、親を恨んだり、世間の差別を恨んだりする人も数多く出るので、やはり、ここのところは、「正しい方向」に導いていくように努力しなければいけないなというふうに思っております。

障害者をサポートする人々は「天使の働きとは何か」を見せている

斉藤　ヘレン様におきましてはサリバン先生という素敵な先生がおられましたけれども、障害をお持ちの方をサポートされている家族の方々に対して、何かメッセージを頂けますでしょうか。

ヘレン・ケラー　地上に生きている人たちは、「天使とは何か」と言われても分からないし、答えることもできないんだろうと思います。大学の試験で、「天使とは何かを述べよ」と言われても、書けないでしょうね。

だけど、それが分かるようにするために、そういう方々が地上に出ておられて、活動を通して「天使の働きとは何か」ということをお見せしているんじゃないかと思うんです。それを間接的に感じられているんじゃないかと思うんですよね。

例えば、目の見えない人にとっては、盲導犬《もうどうけん》なんかがどれほどありがたいかっていうことは分かりますが、目の見える人にとっては、盲導犬へのありがたみはそんなに分からないんです。

だから、盲導犬が電車のなかに乗り込《こ》んできたり、お店のなかに入ってきて、レストランで座《すわ》ってたり、寝《ね》そべってたりするのを見たらびっくりする人もいますけども、あれは貴重な、そうした人を救う仕事を犬でもしているのです。

そういう、「人を助ける尊い仕事」っていうのに気づいてもらいたいという気持ちはあるんですよね。

ヘレン・ケラー（右）の指文字を読み取りながら、その内容をディクタホン（口述録音機）に吹き込みするサリバン（左）。ヘレンはサリバンのサポートを受けながら、豊かな内面世界を数多くの著作として形に表すことができた。（左上）1927 年には "My Religion"（その改版が "Light in My Darkness"）を発表。このなかでヘレンはスウェーデンボルグ教会の信仰について語っている。

5　「男女平等」や「人種差別」に関する考え方

現代の「男女平等」の風潮には一定の限度がある

和田　本日はありがとうございます。私のほうからは、「女性の幸福論」について伺《うかが》いたいと思います。

ヘレン・ケラー様は生前、女性の社会進出やフェミニズム支援《しえん》に取り組んだりしていらっしゃったと思うのですが、現代は実際に女性が社会に進出し、さまざまな分野で働いています。

ただ、行き過ぎた自己実現に走ってしまったり、どうしても傲慢《ごうまん》になってしまったりする面もあります。

そこで、ヘレン・ケラー様から見て、「現代女性の使命」や「女性のあり方」というものをお教えいただけたらと思います。

ヘレン・ケラー　うーん。ある意味では、〝分からない〟質問なんです。私には、「女性」というのはよく分からないんです。「人間とは何か」ということを、一生を通じて考えてまいりましたが、「女性とは何か」っていうことが分からなかったと言えば、分からなかったのです。

まあ、そういう「女性の社会進出」とか、「女性全体の扱《あつか》いを世界がどうあるべきか」という大きな問題に関して、ちょっと立ち位置が違《ちが》うから、健常者の立場でお考えになったほうがいいのかもしれません。あまり多くを言いすぎてはいけないと思います。

ただ、それが、「大臣の三割は、目が見えない人か、耳が聞こえない人か、口がきけない人にすべきだ」とかいうふうなかたちで、そういう「ハンディをなくす」という運動になっていくなら、ちょっと違うものは確かにあるのかなあという気はするんですよね。

これは、ちょっと私は立場が違うので言えないので、そういうことではないのかもしれないけれども、「女性が認められる世の中になる」ということが、そういう意味で「個人に対するコンパッション（同情）」っていうか、そういうものと、「社会全体がうまく機能するような人の配剤《はいざい》はどうあるべきか」ということとは、別だと思うんです。

だから、私のような人は、私ができるような仕事しかできませんので、私が船乗りをしたりはできません。はっきり言えばね。

私が航空機のパイロットをするかといったら、それは不可能な話です。そういうふうに、できないものは明らかにあります。

「同じに扱え」と言っても、それは無理だと思います。「ヘレン・ケラーは世界で認められて、勲章《くんしょう》をもらっているような人なんだから、ジェット機のパイロットをやらせるべきだ。その権利を与《あた》えるべきだ」と言ってくださるかもしれないけれども、無理なものは無理です。やってはいけないものもあると思うんですね。

そのへんを、何て言うか、コンパッションを逆に考えて、「全部、同じように扱え」というふうな運動になりやすいのでね。男女問題でも、それ以外でもそうですけども、そうなりやすいので、そのへんは、ちょっと気をつけないといけないと思うんです。

「甘《あま》えていい部分」と「甘えてはいけない部分」の区別

ヘレン・ケラー　だから、「男性」と「女性」で差別はあるかもしれないけれども、これが合理的な差別というか、実際上、それだけの仕事ができないために、そうなっているのなら、それはしかたがないことなんですよね。

だから、「犯罪と立ち向かうのに、男性の警官が前面に出てくださる」というようなことはありがたいことです。それは男性が女性たちの犠牲《ぎせい》を好まないので、そういうふうにしてくださるのだろうと思うけど、それはありがたいことです。「銀行強盗《ごうとう》が出たら、必ず男女同数の警官が出て、撃《う》ち合うべきだ」というような考え方には、私は賛成ではありません。軍隊なんかでも、同じことはあるだろうと思います。

だから、あくまでも適性のあるところに立って、多くの人たちというか、全体の目から見て、「お役に立つ部分」と「迷惑《めいわく》をかける部分」とのバランスをよく取りながらですね。

そういう意味では、健常でない方々も、いろんな人のコンパッションを受けながら生きておられると思うけれども、「甘《あま》えていい部分」と「甘えてはいけない部分」との区別をしっかりしないといけない。「自分はここまで甘えても大丈夫《だいじょうぶ》だけど、これから先はいけない」という部分ですかね。

例えば、コーヒーに砂糖を入れるときは、一個か二個までは入れられるけども、砂糖を五個も十個も入れたら、コーヒーとしては飲めないものになる。だから、「自分は、一杯《いっぱい》のコーヒーに角砂糖を十個も入れてもらっているんだ」と思ったら、これはやりすぎで、「そこまで求めてはいけないんだ」ということです。「一個か二個が限度なんだ」ということは、知っていなければいけません。

だから、「女性だから、こういう扱いをしろ」という運動はあると思うんですが、あくまでも適正な限度はあるだろうと思います。「男性であったら、それはできないのに、女性だからできる」というように、あまり〝逆転〟が過ぎたら問題はあると思うんですね。

人種問題で「機械的に振《ふ》り分ける平等性」の追求はいけない

ヘレン・ケラー　「人種問題」も同じものはあると思うんです。

アメリカの白人問題、黒人問題があります。黒人が差別されて奴隷《どれい》状態に長くあり、被害《ひがい》を受けたことは歴史的事実ですが、「だから、すべての権利を黒人と白人がまったく同じ比率で果たせるようにしなさい」と言うなら、無理はあるだろうと思うんです。できないものもあると思うので、そのへんについては〝角砂糖の原理〟で、「限度はある」ということは知っておいたほうがいい。

「オバマさんが大統領をできたから、大統領は黒人と白人が交互《こうご》にやるべきだ」とか、「スパニッシュがだいぶ増えてきているから、五人に一人はスパニッシュを大統領にすべきだ」とか、そういうふうに機械的に振《ふ》り分けていくような平等性を追求してはいけないんだと思うんです。

やっぱり、「その仕事やサービスを受け取る方々の幸福はどうであるか」ということも考えないといけないいんだと思うんですね。

自分に許された範囲《はんい》を知る「謙虚《けんきょ》さ」も必要

ヘレン・ケラー　私は、「社会啓蒙《けいもう》活動」として全世界で講演活動をしてまいりましたけども、「学校の先生は、私みたいな人が半分はいなきゃいけない」とかいうことであったら、たぶん教育にかなり遅《おく》れをもたらすことになるだろうと思うんです。だから、そのへんは、「いてもいい部分」と、「いすぎてはいけない部分」を知らなきゃいけない。

自分の自己実現ができない部分も実際にはあるだろうと思うけど、それが単なる差別やいじめではなくて、「合理的な区別」の部分もあるところを、ある程度、甘受《かんじゅ》しなきゃいけない。「なぜ、自分にそういう運命があるのかについてはよく分からないけども、神の御業《みわざ》が現れているのだから、自分のできることをしよう」と。

だから、私が漁船で沖合《おきあい》にまで出て、カツオやマグロの群れを見つけて魚を獲《と》ってくるような仕事をするということは無理です。「その船に乗せて、遠洋漁業に行かせろ」と私が要求するのなら、言うほうが無理だと思います。

まあ、「見学で少しだけ許されるだろうか」ということで、相手にキャパ（容量）があれば、少し乗せてもらって見せてくれるぐらいのこと……、見ることはできないけれども（苦笑）。どんな感じか、魚が獲れるところを感じ取れるチャンスは、社会見学というか、そういう体験として与えられるきっかけがあってもいいかとは思いますが、遠洋漁業の乗組員のなかに私が入って、「一緒《いっしょ》に仕事をさせろ」というのは、無理だと思います。

たぶん、「寿司《すし》の職人をやれ」と言われても無理です。私にはできない。手を切っちゃう可能性があると思います。

だから、このハンディのなかで戦っていること自体は尊いのかもしれないけれども、やはり、「自分自身に許された範囲《はんい》はどこまでか」ということを知る謙虚《けんきょ》さは必要だし、傲慢すぎると、社会を恨《うら》んだり、親を恨んだり、兄弟を恨んだり、神様を恨んだりするようなことになって、逆に「地獄《じごく》の原理」になることもあります。

このへんのところは、(誰《だれ》かが)言ってくださることは少ないだろうと思う。目や耳、口、その他、身体の機能にハンディがある方を、あえていじめるほどの悪い性格を持った方が、世の中には多いとは決して思いませんけれども、やっぱり、自分なりに、ある意味での「悟《さと》り」を持っていないといけないんじゃないでしょうかねえ。

障害者は必ずしも「恵《めぐ》まれていない」とは言えない

磯野 そうしますと、ヘレン・ケラー様はご生前、黒人解放運動や公民権運動、労働運動、フェミニズム支援等、「差別」や「格差」、「違い」をなくしていこうという運動を、一時期、応援されていたこともあったかと思いますが、今のお考えとしては、「すべての人をまったく同じように扱う」という行き過ぎた平等社会に対しては、一定の距離《きょり》を置かれているということでしょうか。

ヘレン・ケラー　うん。だから、それは、〝見えていないもの〟があると思うんです。「この世だけでの能力や権益の平等」という観点から見て、そういうふうなことはあると思うんですが、本当の世界から見たときに、私たち（障害者）は、必ずしも「恵《めぐ》まれていない」とは言えないところがあるのです。やっぱり、「神様の側近くにある」ということを感じるのでね。

普通《ふつう》に、この世で勉強ができて、いい仕事に就《つ》けて、いいお給料をもらえて、出世できていく方が、神様に近づいていけるかといったら、必ずしも、そうは言えない部分はあるけれども、私たちは生まれつき、もうちょっとのところで神様が声をかけてくださるところにいるので、そのへんが違うところは知っておいたほうがいいのではないかと思います。

だから、（障害者は）「わずかな努力」というか、「わずかな成果」でもほめていただけるような立場にあって、健常の方々にはわずかな努力ではほめていただけない方がたくさんいらっしゃるということも、知っておいたほうがいいと思います。

支援《しえん》が当たり前になりすぎた世の中は間違《まちが》っている

ヘレン・ケラー　ただ、道が拓《ひら》かれるべく、いろいろと準備してくださることは、人間社会が高度に発展していった実証でもありましょう。「不自由な方の機能をどのようにカバーしつつ、（彼らが）自己実現ができるような社会にしていくか」ということを工夫《くふう》することは、やっぱり、文明としての進化ではあるわけですから。医学の進化でもあるし、機械の進化でもあるし、教育方法の進化でもあると思うので、そういう努力は必要なことだし、そういう努力に生きておられる方々がいらっしゃるということは、とてもありがたいことだと思うんですね。

だから、この世において、天使や菩薩《ぼさつ》をつくる仕事にもなっている面はあると思います。

ただ、アメリカの議会が目の見えない人、耳の聞こえない人、口のきけない人で満たされることを、私は別にいいことだとは思ってはいないのです。そういう方も行けるチャンスはあってもいいとは思います。多くの人たちがそれを許容して、結果的にそうした恵まれない人たちを支援《しえん》するほうに、みんなの心を向けさせる役割としては必要だと思うんですけれも、あまりにも、それが当たり前になりすぎた世の中は、間違《まちが》っているかもしれないと思います。

私と同じように、迷惑をかけている面もあるのでね。私が子供のころ、両親にたいへん迷惑をかけたように、けっこう迷惑をかけている部分もありますので、その部分のマイナスと合わせて見ないといけないところはあるんじゃないでしょうかね。

それが生前の（考え）とまったく一緒かと言えば、同じところもあるけど、違うところもあると考えています。

磯野　ありがとうございます。

6　出生前診断《しゅっせいぜんしんだん》による障害の予測について

医学が予言者に成り代わっている現代

和田　先ほど、障害者であると、周りの方がお世話をしなくてはいけなくなってしまう面があるとおっしゃっていたと思います。

現在、出生前診断《しゅっせいぜんしんだん》によって異常が分かると、九割以上の方が堕《お》ろしてしまうそうですが、胎児《たいじ》にダウン症《しょう》などがあると分かった時点で、中絶を選択《せんたく》してしまう女性たちへのメッセージ等はございますでしょうか。

ヘレン・ケラー　これは、つらい質問ですね。

現代の医学をもってすれば、私が一歳《さい》七カ月で発病して、こういう状態になることは、もしかしたら、遺伝子的なものを調べて分かった可能性もある。

それは、いまだに謎《なぞ》なので、なぜ、その病気になったかが分からないのです。やっぱり、医学知識も十分でなかった時代であるから、一八〇〇年代ですので、分からないのは当然です。あるいは、親族のなかに、そういう遺伝子的なものがあったかもしれないし、何らかの病原菌《きん》のようなものがちゃんとあって、そういうふうになったのかもしれない。

まあ、そのへんを考えると、例えば、事前に、「この人はこういうものを発症します」と分かるのが、アメリカなんかで、今、流行《はや》っていますよね。例えば、「親が乳ガンだったら、子供が何パーセント乳ガンになるから」というふうな感じで、乳ガンになってもいないのに、女優さんが乳房《にゅうぼう》を切り取ったりするようなこともやっているとお聞き申し上げました。

まあ、ちょっと、医学が〝予言者〟に成り代わっている部分については、よし悪《あ》しの両方があるのかなあ。

だから、どうなのでしょうか。「子供が足手まといになるから、生まれないほうがいい」「自分たちにとって、便利な子供だけ欲《ほ》しい」というふうなことが、どの程度まで許されていいのかどうかですね。そのへんには問題があると思うんです。

昭和天皇の結婚《けっこん》時に起きた「遺伝」をめぐる問題

ヘレン・ケラー　日本でも、昭和天皇がご結婚《けっこん》されるときに、ご婚約されていた方の家系に、色盲《しきもう》か何かの遺伝があって、それが問題になったというふうに伺《うかが》っております。

それは、「男の子にそれが遺伝的に出て、軍人として視覚に障害がある場合は困る」ということです。天皇家であっても、「天皇の軍隊だ」ということであったので、「軍人として機能が果たせなければ困るから、それを理由にして婚約を解消すべきだ」という意見もあったけれども、昭和天皇様が押《お》し切ったのです。「いったん決めたことを、そういうことを理由にして反故《ほご》にするわけにはいかない」ということで、ご結婚された。

その前の大正天皇様も医学的には、正確に発表されていないけども、何か異常性があったようには聞いています。それが、手足の痙攣《けいれん》のような異常性なのか、脳の障害なのか、明確にはされないまま早く亡《な》くなられていきましたけれども、やっぱり、そういうことは、連綿といろいろ続けてはおられたんだと思うんです。

遺伝子を選別することは「利己主義」の面もある

ヘレン・ケラー　まあ、「直系の天皇家のようなものを守らなきゃいけない」というところは、非常に難しいだろうと思うんだけれども、やっぱり、「選別を重ねていく」というのは、なんか〝品種改良〟のような感じがしないこともないし、家畜《かちく》や果物などの〝品種改良〟みたいにも見えなくもないので、そういう考えがあまり強くなりすぎると、うーん、どうなんでしょうかね。やっぱり問題は出て……。

もし、機能に不全があっても、ほかの代替《だいたい》手段がないわけではないし、皇室に属する方々のなかから、代わりの方がなされるとか、いろいろ道はあるので、私は、身分のある方が、そういうハンディを背負って出られる場合があっても、国民にとっては、そういうことを学ぶチャンスだとも思うのです。

そういうこともあるということから考えれば、一般《いっぱん》社会において、「夫婦《ふうふ》ともに仕事で一流の活動をしたい」という気持ちを持っておれば、「遺伝子に異常のある子供が生まれると完全にできなくなるので、不幸を避《さ》けたい」というのは、知恵《ちえ》といえば知恵なんだと思うけど、それが、「神様の知恵」か、「悪魔《あくま》の知恵」かは非常に難しい部分があると思うんですね。

だから、これで全部進んでいけばいいかどうか。医者の〝予言〟が百パーセント当たるわけではないこともあるし、「事前に分かったら、それを避ける」というのは、知恵なのかもしれないけども、「利己主義」の面もないわけではないのでね。

「魂《たましい》」や「生まれ変わり」の考え方が薄《うす》いキリスト教

ヘレン・ケラー　魂《たましい》的に約束して生まれてくる場合だったら、それを阻害《そがい》するのが、いいのかどうかは分からない。日本みたいなところでは、そういう障害云々《うんぬん》を別にして、人工流産することも非常に多いので、このへんのところで、霊界《れいかい》にいろいろと問題が起きているのかなあとは思います。

すべては「魂の修行《しゅぎょう》」ではあるので、何とも言えませんが、そういう診断によって異常が見つかって、堕ろしてしまうような両親を選んだということが不明だと言えば、そこまでなんですけども。

西洋のキリスト教文明においては、「事前に魂が天上界《てんじょうかい》にいて、宿ってくる」という考えが薄《うす》くて、「精子と卵子が合体《がったい》して受精卵が細胞分裂《さいぼうぶんれつ》し、胎児の原型ができるときに、魂も一緒《いっしょ》にできてくる」みたいに考えているところが多いです。「事前に完全な魂というのが、天上界にいて、赤ん坊《ぼう》として宿ってくる」という考え方が非常に薄いし、「生まれ変わり」みたいな思想も非常に薄いし、「胎児と同時に魂が発生してくる」というように思っているので、「産み分けられる」という感じが強いのかなあと思うんですけどねえ。

「信仰《しんこう》」があれば、遺伝子的な考えに疑問を感じる

ヘレン・ケラー　ただ、これは影響《えいきょう》が大きいし、ちょっと言い難《がた》いので、もう少し偉《えら》い方に判断していただかないと分からないんですけども、（堕胎《だたい》についてては）〝殺人《さつじん》〟は〝殺人〟だと思うんですよね。私はそう思いますけど。〝合法的殺人〟のようには思います。

それは、生まれたあとでも起きることでしょう。生まれてからあとでも、「子供が自分が思っているような子供でなかったら、殺《ころ》してもいい」ということになって、いわゆる〝間引《まび》き〟みたいなことがあってもいいと思ったのでし

ょう。男の子が欲しかったのに、女の子が生まれたら、ミルクを与《あた》えないで、放置しておけば、死んでしまうと。こんなことで、昔は、間引きをしていたというふうに聞いていますし、子供が生まれすぎたら、生まれたあと、放置することで、間引いたということもあるというふうに聞いております。

そういう、貧しい苦しい時代をいろんな知恵で乗り切ってきたのだろうから、それについては、なかなか言いにくいし、社会的になかなか認知されにくい生まれ方をする場合もありますので、そういうときに命を奪《うば》ってしまって、自分たちの罪を見えないようにしようとする動きもあるんだろうとは思いますけども、正直に申し上げまして、信仰《しんこう》があるなら、そういう遺伝子的なものだけで考えるのはどうかなあという感じはします。その子の魂にとっては重荷ではありましょうけども、「どうかなあ」という感じはします。そのほうがよろしいんでしょうかねえ？

「私は堕胎《だたい》されなかったほうがよかった」と語るヘレン

ヘレン・ケラー　まあ、大人の親のほうまでが、「地獄《じごく》の苦しみ」を味わって〝一緒の地獄〟になる。私の場合、そのとおりで、〝地獄〟だったと思います。少なくとも、私がサリバン先生の教育を受けて、だんだんに、まともになっていくまでの間は、親は「地獄の苦しみ」でした。もし、貧しい家だったら、本当に一家心中をしていたかもしれないと思うこともあるので。

また、健常に生きていても、例えば、軍人として、戦場に出たあと、いろいろと体が不具になったりする方も出てきますし、病気は当然出てきますからね。

生きている間にねえ。

それから、老人の問題も当然出てきますので、ある程度、理想のものでなくても、耐《た》えていける社会の柔軟《じゅうなん》さを多少つくっていかないといけないんじゃないかなあ。

あまり、全部をコントロールできるように思うことは、大きな間違《まちが》いを生みそうな気がして、しかたがないんですけどもねえ。まあ、自然界では淘汰《とうた》されていくのでしょうけども。そういうハンディを持ったものは助けることができなくて、淘汰されていくのでしょうけども、事前に抑制《よくせい》することがいいのかどうか、私にはちょっと分かりかねる。

「私は、（堕胎《だたい》）されなかったほうがよかった」、自分としては、そう思うので。ほかの人のことは、ちょっと分からないんですけど。

もし、そういうもの（出生前診断）で事前に分かっていたとして、「こういうものを持っていますよ。こういう要素がありますから、危険度が九十パーセントあります」とか言われて、「九十パーセントもあるなら、生まないほうがいいのかなあ」とか思われたのだったら、私としては、「つらいな」という気持ちがあるので、これについては、〝もう少し偉い方〟に、どうかお訊《き》きくださいい。ちょっと分かりかねます。

7　ヘレン・ケラーの人生が果たした「時代的使命」とは

「救世主の専門分化」が始まっている

磯野　ありがとうございます。ヘレン・ケラー様は、十九世紀終わりから二十世紀半《なか》ばまで生きられ、ご活躍《かつやく》されました。この十九世紀終わりごろの時期というのは、ちょうど、「共産主義」、また、「唯物論《ゆいぶつろん》」というものが流行《はや》ってきたときであり、ヘレン・ケラー様がいらっしゃった時代には、ロシア革命もありました。そのあと、世界中を巻き込《こ》んでの社会主義革命、共産主義革命が起き、天国、神や天使といった霊的《れいてき》な存在を否定する流れが拡大する一方で、「心霊主義」のような、天上界《てんじょうかい》、神の働きを、この地上に現そうとする動きもございました。

そのなかで、ヘレン・ケラー様や、ご生前、ヘレン・ケラー様をお助けになられました、アンドリュー・カーネギー様やロックフェラー様など、神の栄光を地上に顕《あらわ》された偉人《いじん》の方々がいらっしゃいましたが、そうした時代にヘレン・ケラー様がお生まれになった、その「時代的使命」は、どういったところにあったのでしょうか。

ヘレン・ケラー　うーん。現代においては、救世主は、とっても難しいんだろうと思うんですよね。古い時代と違《ちが》って、現代において救世主を担《にな》うのは難しく、救世主役が一人でやれるとは思えなくなってきたので、小さなところにターゲットを絞《しぼ》って、小さな小さな〝救世主〟を、たくさん、いろんな分野で出しているんじゃないでしょうか。

だから、今、「救世主の〝専門分化〟」が、少し始まっていて（笑）、「小さなところを、いろいろ埋《う》めていって、また、総合的に、何か大事なことを思想的に説く方がいれば、別途《べっと》、言ってもいいけど、すべてを細《こま》かいところまではやれないということなのかなあ」というふうには思っているんです。

したがって、私としては、「ロウソクの一本」にしかすぎないんですけども、暗闇《くらやみ》に生きていると思っている人に明かりを灯《とも》して、実は、明かりのなかを生きていると思っている人が、暗闇のなかに生きていることを教える仕事があったわけですよね。

神の愛を忘れないための〝防波堤《ぼうはてい》〟となる「身障者の存在」

ヘレン・ケラー　さっきの続きにもなるというか、「健常でない方々がこの世に生まれる意味」のところに戻《もど》るんですけれども、健常な方々ばかりがいるときには、戦争なんかが起きて、不具の方がいっぱい出てきたりすることで初めて、悲惨《ひさん》さを知るということもあるんです。

何て言うか、やっぱり、「身体の不自由な方が一定の率で存在することで、社会全体が優《やさ》しくなる部分もあるんだ」ということは知っていただきたいと思うんですよね。

戦争したくたって、例えば、私みたいな、目も耳も口も駄目《だめ》なような人は、使い道がないですよね。はっきり言って、使い道は、まったくありません。お手伝いの人たちがみんな出征《しゅっせい》してしまったら、もはや終わりですから、どうしようもありません。

ですから、「そういうふうな方々がいることが、人々が、神の愛を忘れないようにするための、一定の〝防波堤《ぼうはてい》〟になっている面もあるんだ」ということは、知っておいていただきたいと思うんですね。

そして、「そういうところに、慈善《じぜん》活動をする人が国籍《こくせき》を超《こ》えて存在する」ということが、「国」対「国」の利害とか、あるいは、個人の利害の対立、会社の利害の対立とかを超えて協力し合う部分をつくる面もあるのです。このへんについては知っておいてほしいと思うし、つまりは、「この世に起きるマイナスの事態のなかにも、一部、そういうものはあるんだ」ということですね。

「原因不明の病気」は傲慢《ごうまん》な現代人に対する「神の試練」

ヘレン・ケラー　この世的に不幸だと思われているもの、例えば、大きな震災《しんさい》というような不幸が起きますけれども、そのなかにも、何か、「現代人の傲慢《ごうまん》」みたいなものを戒《いまし》めるものがあったり、人々が助け合う姿とか、あるいは、最低限の生活というのを味わって立ち直っていくことの大切さとか、いろいろと知らなければならないことがあったりするような気がするんです。

私のような立場の者は、ちょっと、よくは分かりませんけれども、現代では、原因不明の病気とかが、よく発生したりもしていますから、こういうものも、ある意味で、人間が神になり代ろうとするときに、次々と、バベルの塔《とう》のような「神の試練」として見舞《みま》ってくるんじゃないかという気がしてはいるんですよね。

やっぱり、神様は、「人間の努力やその精進《しょうじん》」もお認めにはなるけども、「傲慢であること」に対しては、そう長くは我慢《がまん》なされない面もあるような気がするんです。

だから、障害者には、どうか優しくあっていただきたいと思うし、彼らが、そうした世の中の、戦いの世の中を終わらせよう、抑止《よくし》しようとしてる面もあるんだということ。そういう、内省的で、手がかかる部分が、完全な競争の世界だけにはならないようにしている面もあるんだということは、知っていただきたいと思います。

これ以上のことについて答えるのは、私には無理なので、もっともっと大きな視野で見れる神様にお訊《き》きいただきたいと思いますけども。

磯野　ありがとうございます。

8 「奇跡《きせき》」や「医療《いりょう》」に携《たずさ》わってきたヘレン・ケラーの転生《てんしょう》

過去世《かこぜ》ではイエスの奇跡《きせき》の一端《いったん》を担《にな》う役割を果たした

和田　ヘレン・ケラー様は、生涯《しょうがい》を通して、さまざまな活動をされていますが、やはり、過去世《かこぜ》でも、似たようなお仕事をされていたのでしょうか。

ヘレン・ケラー　ああ……。そうですか。ここは、そういうことを……。

磯野　申し訳ございません。

ヘレン・ケラー　私のような者には、ちょっと難しいんでございますけれども、うーん……。

磯野　先ほども、イエス様のお話が何度も出ていましたので、イエス様とのご縁《えん》などについても、お教えいただければと思います。

ヘレン・ケラー　ああ……。非常に謙虚《けんきょ》さを欠く言葉になるといけないから、ちょっと、それについては、よく考えなければいけないとは思いますけれども、まあ、イエス様の時代にはいたような気がしてはいます。
だから、うーん……、何ですかねえ。まあ、いたような……。

斉藤　イエス様を支える女性として出られていましたでしょうか。

ヘレン・ケラー　うーん。だから、ちょっと、このへんが、思想的によく分からない面があるので。どういうことなのか、ちょっと分かりにくいところがあるんですけども。うーん……。
何だか、いやあ、あんまり美しくない出方なのかも……（笑）。美しくない出方……。訊《き》かれたのが、ちょっとつらいような気は……。言わなきゃいけないんでしょうね。正直じゃないといけないでしょうねえ。

私は、包帯に巻かれた死体から甦《よみがえ》った人であったような気がしています。そんな美しい女性ではなくて、まあ、「奇跡《きせき》の一端《いったん》」を担《にな》ったんですけれども……。

磯野　そうしましたら、ラザロ様……。

ヘレン・ケラー　いやあ、それは、つらいですねえ。そういうふうにイメージされることは、とてもつらいけども、まあ、イエス様の「奇跡の一端」を担うような役をしたとは思います。

だから、あのときは、「目が見えない役」とか、「蹇《あしなえ》の役」とかではなくて、「死んだと思ったのに甦る役」を請《う》け負ったような気はします。たぶん、ラザロの生まれ変わりなんていないだろうと思いますから、まあ、私がそう感じるなら……。ほかの人が、「私こそがラザロだ」と、先を争って言うようなことは、たぶん、なかろうとは思います。

「死んでいるはずの死体が、腐臭《ふしゅう》を放ちながら生き返ってくる」っていうのは、ちょっと怖《こわ》い話ではあるんですけども、「復活の奇跡」を、イエスの復活の序奏としてやったような気持ちが残っております。

また、そのきょうだいが、イエスを手伝う女性とかで存在したというふうに考えております。

ラザロは病気で亡くなってすでに4日たっていたが、イエスが墓の前で、「ラザロよ、出てきなさい」と言うと、死んだはずのラザロが生き返ったという(右端)。ラザロの姉であるマルタとマリア(ベタニアのマリア)は、イエスの身の回りの世話をし、イエスの最期に立ち会ったともいわれる。マリアはイエスの足に高価なナルドの香油を注ぎ、その足を自らの髪で拭ったという。(「ヨハネ伝」12章)

磯野　ありがとうございます。

皇后の側でハンセン病患者《かんじゃ》を看病した日本での転生《てんしょう》

磯野　イエス様の時代のあとの時代でも、お生まれになった記憶《きおく》はございますでしょうか。

ヘレン・ケラー　うーん……（笑）。なかなか厳《きび》しゅうございますねえ。本当に、ハア……（ため息）。

斉藤　生前にもご縁のあります、スウェーデンボルグ様は、過去、バプテスマのヨハネですとか、源信《げんしん》様などといった方として生まれられているのですが（『黄金の法』〔幸福の科学出版刊〕参照）、こうした方とのご縁等も、もし、ございましたら……。

ヘレン・ケラー　うーん……。（約十秒間の沈《ちん》黙《もく》）うーん……。うーん……。

勉強が足りなくて、十分な知識がないので、よく分からないんですけれども、うーん……。そうねえ、日本かなあ……。東洋ですが、何か……。

『黄金の法』（幸福の科学出版）

磯野　日本ですか。

ヘレン・ケラー　日本かなあ。東洋だと、日本かな。何か、一生懸命《いっしょうけんめい》に看病したような感じの、そういう記憶が、少しあるんですけどねえ。うーん。看病を一生懸命にしたような感じがあります。

磯野　いつごろの時代か、お分かりになりますでしょうか。

ヘレン・ケラー　うーん……。まあ……、まだ、医療《いりょう》が、あんまり十分でなかった時代なんだろうとは思うんですけど、今だと、らい病とかハンセン病とかっていうんですかね。そういった方々を助ける施設《しせつ》をつくっておられる、偉《えら》い皇后様《こうごう》がいらして、そのときのお手伝いを一緒《いっしょ》にしてたような記憶があるんですけどねえ。

あの方は偉い方でしたね。イエス様みたいな女性だったと、本当に思いますけども、らい病、ハンセン病患者《かんじゃ》の、膿《うみ》がいっぱい出るような体から、その膿を自分の口で吸い出すようなことまで平気でなされるような方で、現代的に言えば、ああいうことをしたら、自分にも病気が移るはずなんですが、なぜか移らない方でいらっしゃいましたね。とても身分のある方でした。

そういうときに、何か、そういう病気の方々を救うお手伝いを一緒にした記憶はあるんですけども、自分の役割が、どこまではっきりしてるのかは、よく分かりません。ただ、そういう、救うほうのお手伝いもしたことはある気がします。

イエスのように病気治しを行う「光に包まれた女性」がいた

磯野　光明子《こうみょうし》様（光明皇后《こうごう》）のおそばにいらっしゃったとか……。

ヘレン・ケラー　そういうふうにおっしゃったのかなあ。何か湯屋《ゆや》のようなものをつくった覚えがあるので……。ああ、そっか、今だと、サウナとかがあるんですか。なんか、蒸気のお風呂《ふろ》ですよね。蒸気のお風呂みたいなので体を清めたりするようなものもつくっておられたと思うし、薬草のようなもので救うようなこともあったし……。（斉藤を指し）そのころは、あなたもいらっしゃったんじゃないでしょうか。

斉藤　あ、そうですか……、それはお世話になりました（笑）。

ヘレン・ケラー　いらっしゃったような気が……。何人か知り合いはいらっしゃったんではないですか。施薬院《せやくいん》って言いましたかね。

斉藤　そうですね。施薬院といった名前だったかと思います。

ヘレン・ケラー　そちらのほうにいらした方の

光明皇后（701 ~ 760）
藤原不比等の娘で、聖武天皇の皇后。仏教に深く帰依し、東大寺、国分寺、国分尼寺の建立を天皇に進言すると共に、悲田院や施薬院を設置して、貧しい人々や病人の救済を行った。
（左）光明皇后の霊言が収録された『女性リーダー入門』（幸福の科学出版）

ように思うんですけどねえ。

光明子様という方が中心でやっておられたとは思うんですが、私も、お手伝いはしておりまして、光明子様が、膿を吸い出して治していかれるところを目《ま》の当たりにし、「ああ、イエス様みたいだな」と思ったのを覚えております。「そんなことができるんだろうか」という感じで、らい病患者を治していくんですよねえ。

すごい尊い方が、そういう行為《こうい》をされることによって、感動で、何と言うか、霊的《れいてき》な光が降りてくるんでしょうか。何か分かりませんが、パーッと光が放たれるような感じで、イエス様が治されたように、病《やまい》が治るんですよねえ。そういう光に包まれた女性を、間近で見た覚えがあるような……。

（斉藤を指し）この方は、見覚えがある気がします。確かにいた。

幾《いく》つか施設はつくったんですけども、福祉《ふくし》施設思想としては、すごく進んでるものであったんではないかと思います。

「過去世《かこぜ》からの縁《えん》もあり、日本が好きだった」

ヘレン・ケラー　（光明皇后は）同時に、何か、大《おお》きな大仏《だいぶつ》様もつくってておられたような感じもする。そちらのほうの手伝いの方も、たぶん、いっぱいいらっしゃったと思うんですけど、その時代にいたような気が、私にはします。

私の仕事が、いったい、どの役回りだったのかが、はっきり思い出せないんですが、光明子様が、ハンセン病の方々の手当てをなされたり、治されたりしているところも見たし、それから、不潔《ふけつ》な部分をきれいにされていくところとか、あるいは、薬を施《ほどこ》されているところとかをたくさん見ました。

また、仏様を建てておられるところとかには、一つの宗教的な大きな磁場《じば》があったような気はいたしますね。

まあ、そういう意味では、何らかのご縁《えん》があったのかなあと思いますけども、自分も、「治される側」と、「治す側」との両方をやってた感じはあります。

磯野　ありがとうございます。では、そうしたご縁で、また、今世《こんぜ》も日本に来られて……。

ヘレンは、視聴覚障害の人のために尽力した日本ライトハウスの創設者・岩橋武夫からの強い要請を受け、1937年に初来日。全国各地の福祉施設等を訪問し、多くの人々に希望を伝えた。（上：1955年、3度目の来日時）

ヘレン・ケラー　たぶん、そうだと思います。日本は好きでしたから。
だから、戦前も来たし、戦後にも来ましたけど、日米が、戦争で敵国同士に分かれたときは、本当に胸がちぎれるぐらい悲しかったです。それで、戦後、日本に来て、何かが見えるわけじゃないですけども、戦前にお会いした方が、まだ生きておられたこと等を知って、とてもうれしかったのを覚えています。

磯野　ありがとうございます。

家庭教師だった「アン・サリバン先生」との魂《たましい》の関係性とは

磯野　最後に、付け足しのようになってしまうのですが、サリバン先生とのご縁はいかがでしょうか。

ヘレン・ケラー　やはり、魂《たましい》的には非常に縁のある方ですけども、過去世《かこぜ》は、たぶん男性霊の方なんじゃないかとは思うんです。たぶん仏教系と、あと、ソクラテス系の、何か哲学《てつがく》系の方あたりで生まれてらっしゃるんじゃないかと思う。うーん……。おそらくは、仏教系とソクラテス系、あと、キリスト教系等にも、一回ぐらいは生まれておられる方かと思いますが、やっぱり、同じような、修道僧《しゅうどうそう》や修道女、あるいは、ちょっと、哲学者みたいなのもやられていて、教育や医療、あるいは、宗教修行《しゅぎょう》みたいなものに、非常に関心のある方であるんじゃないかと思います。

まあ、機会があれば、また、サリバン先生直々《じきじき》にご質問なされたほうがいい方かもしれませんねえ。でも、ちょっと、意外すぎて驚《おどろ》くかもしれませんけれども。立派な修行僧とか尼僧《にそう》とかが出てくるんじゃないかと思いますけどもね。

磯野　分かりました。それでは、長時間にわたりまして、尊いお言葉を賜《たまわ》り、まことにありがとうございました。

ヘレン・ケラー　はい。

9　ヘレン・ケラーの霊言《れいげん》を終えて

ヘレン・ケラーのような人々の手助けができる運動を

大川隆法　はい。（手を一回叩《たた》く）ありがとうございました。

今日は、別の角度からの「幸福論」を聞けましたが、このあたりを出してこられると、一般《いっぱん》の人の「幸福論」が、少し、何とも言えなくなる部分ではあります（笑）。ヘレン・ケラーだから偉《えら》いのであり、やはり、同じような状況《じょうきょう》に置かれても、誰《だれ》もが同じようにはならないでしょう。そんな簡単にはなりません。

何らかのご縁《えん》を頂いて、当会の「ヘレンの会」や「ユー・アー・エンゼル！運動」、その他いろいろな社会福祉《ふくし》活動なども、今後、だんだんに外側ができて広がっていくだろうとは思いますが、あくまでも本体に力があればのことです。次第《しだい》に、啓蒙《けいもう》活動と、実際の救済活動ができればよいとは思いますし、いろいろな奇跡《きせき》も起きてくることもあるとは思いますが、全部が全部そうならないところもあるので、やはり、彼らの使命を手助けできる運動が、少しでもできればありがたいと思います。

磯野　本日はまことにありがとうございました。

大川隆法　はい。ありがとうございました（手を一回叩く）。

あとがき

自らの人生を振り返って、スウェーデンボルグ教会の霊界思想を十分に伝え切れなかった点を反省している女史は、イエスの奇跡の証明者、甦《よみがえ》りのラザロであったこと、日本の光明皇后《こうみょうこうごう》時代に、共に病人救済の活動をしたことも証言している。

ヘレン・ケラーの宗教家的側面が明らかにされていて、とても新鮮味があると思う。

また、「運命は、一つの扉が閉じたら別の扉が開く」という真理を断言できる女性でもあると思う。

私たちもささやかであるが、「ヘレンの会」や「ユー・アー・エンゼル！運動」で障害者の支援をしているが、本書の刊行は、その「バイブル」を広めることにもなろう。

二〇一四年　十一月六日

幸福《こうふく》の科学《かがく》グループ創始者兼総裁《そうししゃけんそうさい》

HSU（ハッピー・サイエンス・ユニバーシティ）創立者　大川隆法《おおかわりゅうほう》

『ヘレン・ケラーの幸福論』大川隆法著作関連書籍

『卑弥呼《ひみこ》の幸福論』（幸福の科学出版刊）
『黄金の法』（同右）
『女性リーダー入門』（同右）

『大川隆法霊言全集 第14巻 紫式部の霊言／ナイチンゲールの霊言／ヘレン・ケラーの霊言』（宗教法人幸福の科学刊）
※左記は書店では取り扱っておりません。最寄りの精舎・支部・拠点までお問い合わせください。

ヘレン・ケラーの幸福論《こうふくろん》

2014年11月13日　初版第1刷

著　者　　大《おお》　川《かわ》　隆《りゅう》　法《ほう》

発行所　　幸福の科学出版株式会社

〒107-0052 東京都港区赤坂2丁目10番14号
TEL(03)5573-7700
http://www.irhpress.co.jp/

印刷・製本　株式会社 東京研文社

落丁・乱丁本はおとりかえいたします

ISBN978-4-86395-600-1 C0030
photo：共同通信社／東洋英和女学院／American Foundation for the Blind／Perkinsarchives
PerkinsarchivesSamuel P. Hayes Research Library, Perkins School for the Blind

矢内原忠雄「信仰・言論弾圧・大学教育」を語る

幸福の科学大学不認可は、「信教の自由」「学問の自由」を侵害する歴史的ミスジャッジ！ 敬虔なクリスチャンの東大元総長が天上界から苦言を呈す。

1,400円

内村鑑三「信仰・学問・迫害」を語る

「霊言」を否定することは、キリスト教の「聖霊」を認めないこと。絶対に許してはならない――。日本に蔓延する無神論と唯物論に警鐘を鳴らす。

1,400円

ドラキュラ伝説の謎に迫る

ドラキュラ・リーディング

小説『ドラキュラ』の作者ブラム・ストーカー、ドラキュラ伯爵のモデルとされるヴラド3世。二人のリーディングから明らかになる「吸血鬼伝説」の成り立ちと霊的真相とは?

1,400円

公開霊言シリーズ・文科行政のあり方を問う

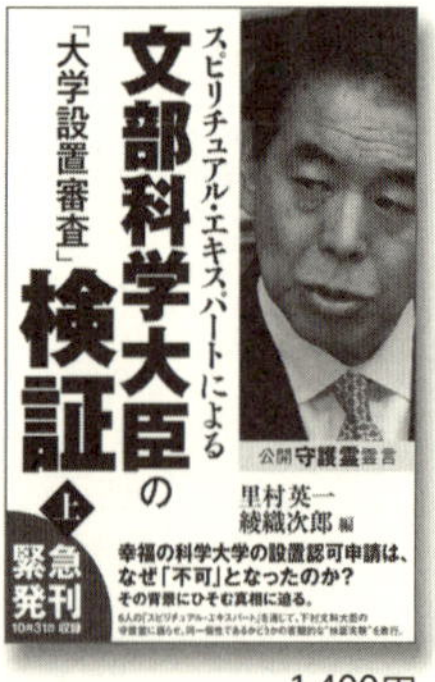

スピリチュアル・エキスパートによる
文部科学大臣の「大学設置審査」検証（上）

里村英一・綾織次郎 編

６人の「スピリチュアル・エキスパート」を通じ、下村文科大臣の守護霊霊言を客観的に分析した“検証実験”の前編。大学設置審査の真相に迫る！

1,400円

スピリチュアル・エキスパートによる
文部科学大臣の「大学設置審査」検証（下）

里村英一・綾織次郎 編

下村文科大臣の守護霊霊言に対する“検証実験”の後編。「学問・信教・言論の自由」を侵害する答申が決定された、驚きの内幕が明らかに！

1,400円

大学設置審議会インサイド・レポート

大学設置分科会会長 スピリチュアル・インタビュー

数多くの宗教系大学が存在するなか、なぜ、幸福の科学大学は「不認可」だったのか。政治権力を背景とした許認可行政の「闇」に迫る！

1,400円

※表示価格は本体価格（税別）です。

幸福の科学グループのご案内

宗教、教育、政治、出版などの活動を通じて、地球的ユートピアの実現を目指しています。

宗教法人　幸福の科学

一九八六年に立宗。一九九一年に宗教法人格を取得。信仰の対象は、地球系霊団の最高大霊、主エル・カンターレ。世界百カ国以上の国々に信者を持ち、全人類救済という尊い使命のもと、信者は、「愛」と「悟り」と「ユートピア建設」の教えの実践、伝道に励んでいます。

（二〇一四年十一月現在）

愛

幸福の科学の「愛」とは、与える愛です。これは、仏教の慈悲《じひ》や布施《ふせ》の精神と同じことです。信者は、仏法真理をお伝えすることを通して、多くの方に幸福な人生を送っていただくための活動に励んでいます。

悟り

「悟り」とは、自らが仏の子であることを知るということです。教学《きょうがく》や精神統一によって心を磨き、智慧《ちえ》を得て悩みを解決すると共に、天使・菩薩《ぼさつ》の境地を目指し、より多くの人を救える力を身につけていきます。

ユートピア建設

私たち人間は、地上に理想世界を建設するという尊い使命を持って生まれてきています。社会の悪を押しとどめ、善を推し進めるために、信者はさまざまな活動に積極的に参加しています。

国内外の世界で貧困や災害、心の病で苦しんでいる人々に対しては、現地メンバーや支援団体と連携して、物心両面にわたり、あらゆる手段で手を差し伸べています。

年間約３万人の自殺者を減らすため、全国各地で街頭キャンペーンを展開しています。

公式サイト www.withyou-hs.net

ヘレン・ケラーを理想として活動する、ハンディキャップを持つ方とボランティアの会です。視聴覚障害者、肢体不自由な方々に仏法真理を学んでいただくための、さまざまなサポートをしています。

公式サイト www.helen-hs.net

INFORMATION

お近くの精舎・支部・拠点など、お問い合わせは、こちらまで！

幸福の科学サービスセンター

TEL. 03-5793-1727（受付時間 火〜金：10〜20時／土・日：10〜18時）

宗教法人 幸福の科学 公式サイト happy-science.jp

教育

学校法人 幸福の科学学園

学校法人 幸福の科学学園は、幸福の科学の教育理念のもとにつくられた教育機関です。人間にとって最も大切な宗教教育の導入を通じて精神性を高めながら、ユートピア建設に貢献する人材輩出を目指しています。

幸福の科学学園

中学校・高等学校（那須本校）
2010年4月開校・栃木県那須郡（男女共学・全寮制）
TEL **0287-75-7777**
公式サイト **happy-science.ac.jp**

関西中学校・高等学校（関西校）
2013年4月開校・滋賀県大津市（男女共学・寮及び通学）
TEL **077-573-7774**
公式サイト **kansai.happy-science.ac.jp**

幸福の科学大学
TEL **03-6277-7248**（幸福の科学 大学準備室）
公式サイト **university.happy-science.jp**

仏法真理塾「サクセスNo.1」 TEL **03-5750-0747**（東京本校）
小・中・高校生が、信仰教育を基礎にしながら、「勉強も『心の修行』」と考えて学んでいます。

不登校児支援スクール「ネバー・マインド」 TEL **03-5750-1741**
心の面からのアプローチを重視して、不登校の子供たちを支援しています。
また、障害児支援の**「ユー・アー・エンゼル！」運動**も行っています。

エンゼルプランV TEL **03-5750-0757**
幼少時からの心の教育を大切にして、信仰をベースにした幼児教育を行っています。

シニア・プラン21 TEL **03-6384-0778**
希望に満ちた生涯現役人生のために、年齢を問わず、多くの方が学んでいます。

NPO
活動支援

学校からのいじめ追放を目指し、さまざまな社会提言をしています。また、各地でのシンポジウムや学校への啓発ポスター掲示等に取り組む一般財団法人「いじめから子供を守ろうネットワーク」を支援しています。

ブログ **blog.mamoro.org**
公式サイト **mamoro.org**
相談窓口 **TEL.03-5719-2170**

政治

幸福実現党

内《ない》憂《ゆう》外《がい》患《かん》の国難に立ち向かうべく、二〇〇九年五月に幸福実現党を立党しました。創立者である大川隆法党総裁の精神的指導のもと、宗教だけでは解決できない問題に取り組み、幸福を具体化するための力になっています。

党員の機関紙
「幸福実現NEWS」

TEL 03-6441-0754
公式サイト hr-party.jp

出版 メディア 事業

幸福の科学出版

大川隆法総裁の仏法真理の書を中心に、ビジネス、自己啓発、小説など、さまざまなジャンルの書籍・雑誌を出版しています。他にも、映画事業、文学・学術発展のための振興事業、テレビ・ラジオ番組の提供など、幸福の科学文化を広げる事業を行っています。

アー・ユー・ハッピー?
are-you-happy.com

ザ・リバティ
the-liberty.com

幸福の科学出版
TEL 03-5573-7700
公式サイト irhpress.co.jp

THE FACT

ザ・ファクト
マスコミが報道しない
「事実」を世界に伝える
ネット・オピニオン番組

Youtubeにて
随時好評配信中!

ザ・ファクト　検索